삶의 참뜻을 깨닫고
실천한 참된 스승
이황

이야기/교과서/인물 이황

초판 1쇄 발행일 2017년 3월 20일
초판 3쇄 발행일 2023년 5월 1일
글 이재승 그림 교은
발행인 윤호권 사업총괄 정유한
발행처 (주)시공사 주소 서울시 성동구 상원1길 22, 6-8층(우편번호 04779)
대표전화 02-3486-6877 팩스(주문) 02-585-1247
홈페이지 www.sigongsa.com / www.sigongjunior.com

ⓒ 이재승, 교은, 2017

이 책의 출판권은 (주)시공사에 있습니다.
저작권법에 의해 한국 내에서 보호받는 저작물이므로, 무단 전재와 무단 복제를 금합니다.

ISBN 978-89-527-8524-4 74990
ISBN 978-89-527-8164-2 (세트)

*시공사는 시공간을 넘는 무한한 콘텐츠 세상을 만듭니다.
*시공사는 더 나은 내일을 함께 만들 여러분의 소중한 의견을 기다립니다.
*잘못 만들어진 책은 구입하신 곳에서 바꾸어 드립니다.

사진 자료 제공 | 28쪽 《맹자》, 29쪽 《중용언해》, 《서전언해》, 《주역언해》, 42쪽 《성학십도》, 62쪽 김홍도 〈서당〉, 78쪽 조희룡 〈붉은 매화와 흰 매화〉, 79쪽 임희지 〈난초〉, 조익 〈대나무〉, 김정희 〈난초와 국화〉 국립 중앙 박물관
43쪽 《주자서절요》 규장각 한국학 연구원 | 62쪽 성균관 대성전(Christian Bolz, cc-by-sa 3.0) 위키미디어 공용

KC마크는 이 제품이 공통안전기준에 적합하였음을 의미합니다.
제조국 : 대한민국 사용 연령 : 8세 이상
주의 사항 : 책장에 손이 베이지 않게, 모서리에 다치지 않게 주의하세요.

삶의 참뜻을 깨닫고
실천한 참된 스승

이황

이재승 글 | 교은 그림

시공주니어

작가의 말 … 6
이황을 찾아가다 … 8

1장 노력이 만든 열매 … 20
역사 한 고개 사서삼경 … 28

2장 책 속에서 길을 찾아 … 30
역사 한 고개 이황이 쓴 책과 글 … 42

3장 바른 자세, 바른 마음 … 44

4장 무엇을 위해 공부를 해야 하나? … 52
역사 한 고개 조선의 교육 제도와 성균관 … 62

5장 하얀 눈 속에 핀 매화 … 64
역사 한 고개 사군자 … 78

6장 검소하게 더 검소하게 … 80

7장 바다같이 넓은 마음 … 90
역사 한 고개 서원 … 100

8장 사람 밑에 사람 없고 사람 위에 사람 없다 … 102

9장 조용히 떠나다 … 110

이황에게 묻다 … 118
이황이 걸어온 길 … 122

이황을 만나다

　이황이라는 이름을 들어 본 적이 있나요? 어떤 것이 떠오르나요? 도산 서원, 위대한 학자, 퇴계 등의 말이 떠오르나요? 예, 그렇습니다. 퇴계 이황 선생님은 도산 서당에서 학생들을 가르쳐 훌륭한 제자들을 길러 냈고, 학문에서 많은 업적을 남긴 분으로 조선 시대를 대표하는 학자입니다.

　그리고 또 무엇이 떠오르나요? 혹시 천 원짜리 지폐가 떠오르나요? 이황 선생님은 천 원짜리 지폐에 나오는 인물입니다. 지폐에는 그 나라에서 많은 사람들의 존경을 받는 인물이 실립니다. 퇴계 이황 선생님 역시 많은 사람들의 존경을 받는 인물이기에 지폐에 실린 것입니다. 우리나라뿐만 아니라 중국이나 일본을 비롯한 여러 나라에 이황 선생님을 존경하는 사람들이 많이 있고, 이황 선생님에 대해 공부를 하는 학자들도 많이 있습니다.

이 책은 바로 이황 선생님이 어떤 삶을 살았는지, 어떻게 오늘날까지 많은 사람들의 존경을 받을 수 있는지를 들여다보고 있습니다. 위인들 중에는 어려서부터 천재성을 타고난 경우가 많지만 이황 선생님은 그렇지 않았습니다. 이황 선생님은 천재가 아니었지만 어려서부터 아주 열심히 공부했기에 훌륭한 학자이자 스승이 될 수 있었습니다.

이황 선생님은 어릴 때부터 매일같이 자기 자신을 되돌아보았습니다. 오늘 하루 행실에 어긋남이 없었는지, 남의 손가락질을 받을 만한 일을 하지는 않았는지, 내일은 또 어떻게 살아야 하는지를 생각했습니다. 평생 그렇게 살았기에 많은 사람들의 존경을 받는 인물이 될 수 있었습니다.

이 책은 이황 선생님이 남긴 위대한 업적을 하나하나 열거하기 위한 것이 아닙니다. 오늘을 살아가는 우리가 이황 선생님에게서 배울 수 있는 점을 살펴보고 있습니다.

이황 선생님은 아주 오래전에 살았던 분이지만, 지금의 우리에게도 많은 가르침을 주고 있습니다. 책장을 한 장 한 장 넘기면서 이황 선생님의 삶을 이해하고 배울 점을 하나하나 실천해 나간다면 분명 우리도 많은 사람들의 존경을 받는 사람이 될 수 있을 것입니다.

자, 그러면 퇴계 이황 선생님이 지금 우리에게 어떤 말씀을 해 주고 싶어 하시는지 들여다볼까요?

이재승

● 이황을
찾아가다

도산 서원
퇴계 이황의 학문과 덕행을 기리고
추모하기 위해 세워진 서원.
경상북도 안동시 도산면 도산서원길 154

퇴계 이황을 만나는 서원 여행

"야, 신난다!"

오늘은 현장 체험 학습을 가는 날이다. 이번 체험 학습 장소는 경상북도 안동에 있는 도산 서원과 경상북도 영주에 있는 소수 서원이다.

서원은 조선 시대에 훌륭한 사람을 기리면서 제사를 지내고 학생들이 공부를 했던 곳이라고 한다. 서원에 대해서는 아는 것이 별로 없지만 현장 체험 학습을 간다고 하니 무조건 좋았다.

아침에 엄마가 준비해 준 간식을 챙겨서 학교에 갔다. 오늘따라 발걸음이 무척 가벼웠다. 학교 운동장에는 벌써 여러 대의 버스가 서 있었다. 우리 반은 1반이라 1호 버스를 탔다. 마침 단짝인 은지와 같이 앉게 되어 더

기분이 좋았다.

들뜬 내 마음을 아는지 버스는 신나게 달렸다.

"달려, 달려."

은지 역시 신이 나는지 이따금 콧노래를 불렀다. 은지와 난 이런저런 수다를 떨었다. 버스가 출발한 뒤 얼마쯤 지나자 담임 선생님께서 이번 체험 학습에 대해 말씀하셨다.

"이번 여행은 서원 여행입니다. 서원을 돌아보면서 서원에 대해 알아보고, 도산 서원과 소수 서원이 어떤 곳인지 생각해 보길 바랍니다."

난 서원에 가 본 적이 없어서 은지에게 물어보았다.

"은지야, 너 도산 서원에 가 본 적 있니?"

"응. 몇 번이나 갔다 왔어. 어릴 때 가족들과도 여러 번 갔고, 2학년 때인가 3학년 때인가 체험 학습도 한 번 갔다 왔어."

"도산 서원에 왜 그렇게 여러 번 갔어?"

"우리 아빠 말씀이 도산 서원은 퇴계 이황 선생님이 제자들을 가르친 곳인데, 퇴계 이황 선생님이 우리 집안 조상님이래."

"정말? 나도 퇴계 이황 선생님에 대해서는 많이 들어 봤는데……. 그렇게 훌륭한 분이 너희 조상님이라고?"

"뭐, 직계 조상이라고 하기는 그렇고. 퇴계 선생님은 본관이 진성 이씨 또는 진보 이씨인데 우리 집안도 진성 이씨 집안이야. 퇴계 선생님으로부터 17대인가, 18대인가 그렇게 된대."

"그렇게 훌륭한 분을 조상님으로 둬서 좋겠다. 그러면 넌 도산 서원에 대해 잘 알겠구나. 너희 조상님이 학생들을 가르친 곳이라면서."

"잘은 몰라."

"그러지 말고 아는 것만 가르쳐 줘. 나도 잘난 체 좀 해 보게."

"그러면 내가 아는 것 몇 가지만 말해 줄게. 아빠한테 들었던 거야."

"그래, 알았어."

"너 천 원짜리 돈 있니? 한번 꺼내 봐. 거기에 나오는 분이 바로 퇴계 선생님이야."

"아, 그렇구나."

천 원 지폐 앞뒷면

"앞면에는 퇴계 선생님의 얼굴이 나와. 그리고 배경으로 나온 곳이 명륜당이라는 곳이야. 명륜당은 성균관에 있는 아주 중요한 건물이래. 성균관은 조선 시대 우리나라에서 가장 높은 교육 기관이었어. 젊은 시절에 퇴계 선생님이 이곳에서 공부를 하신 적이 있고, 말년에는 성균관 대사성이라고, 성균관에서 가장 높은 자리에도 계셨대."

"너 되게 똑똑하다. 그런데 앞면에 있는 이 꽃은 뭐야?"

"매화야. 퇴계 선생님이 가장 좋아하셨던 꽃이야. 도산 서원에 가 보면 매화나무가 아주 많은데 그래서 그런 거야. 퇴계 선생님은 마지막 돌아가시는 날에도 매화 화분에 물을 주라고 하실 만큼 평생 매화를 좋아하셨대."

"지폐 뒷면에 있는 이 그림은 뭐야?"

"이게 바로 오늘 우리가 가 볼 도산 서원이야."

"이 그림에 나오는 곳이 도산 서원이라고?"

"그래. 이 그림은 조선 시대 화가 중에서 아주 유명한 겸재 정선이란 분이 그린 그림이야. 그림 이름이 뭐라더라? 〈계상정거도〉라고 하던가. 아무튼 도산 서원의 모습을 떠올리며 그린 그림이야. 그림 속을 자세히 들여다 봐 봐. 서당에 앉아 있는 선비가 보이지? 바로 퇴계 선생님이 아닐까 해."

"너 정말 대단하다. 이런 것까지 알고."

"대단하긴."

"그런데 너 아까부터 왜 이황 선생님이라고 하지 않고 퇴계 선생님이라고 하는 거야?"

"응, 그건 자기보다 높은 사람을 부를 때 이름을 부르는 것은 좋지 않다고 해서 그래. 특히 퇴계 선생님처럼 훌륭한 분을 부를 때는 이름을 부르는 것이 좋지 않대. 그래서 호가 필요했던 것이지. 이황 선생님의 호는 퇴계야. 그래서 이황 선생님이라고 하지 않고 퇴계 선생님이고 말하는 거야."

"그러면 이이 선생님이라고 하지 않고 율곡 선생님이라고 하면 좋겠네."

"그렇지. 정약용 선생님보다는 다산 선생님이라고 하면 좋고, 김구 선생님보다는 백범 선생님이라고 하면 더 좋은 거지."

"그런데 지폐 설명 말고 퇴계 선생님이나 도산 서원에 대해 좀 더 설명해 주면 안 돼?"

"음…… 퇴계 선생님은 워낙 훌륭한 업적을 많이 남긴 분이라 그걸 다 말할 수는 없어. 태어난 지 채 1년도 되지 않아 아버지가 돌아가셔서 홀어머니 밑에서 자랐어. 어릴 때부터 항상 자기 몸가짐을 단정히 하려고 했고 매일 열심히 책 읽고 공부를 해서 많은 지식을 쌓고 인격을 연마했던 분이지. 벼슬도 좀 하셨고 말년에는 고향인 안동에서 제자들을 가르치셨어. 제자들 중에도 훌륭한 분이 아주 많아. 예를 들어 서애 류성룡 선생님이나 학봉 김성일 선생님 같은 분도 퇴계 선생님의 제자야."

"서애 류성룡 선생님이라면 임진왜란 때 큰 공을 세우고 안동의 하회 마을에서 태어나신 분 말이야?"

"그래, 맞아."

"그러면 도산 서원은 어떻게 만들어진 거야?"

"도산 서원은 퇴계 선생님이 만든 것이 아니야."

"뭐라고? 거짓말. 퇴계 선생님이 제자를 가르친 곳이라며. 퇴계 선생님이 아니면 누가 만들었어?"

"퇴계 선생님이 제자를 가르친 곳은 도산 서원 속에 있는 도산 서당이야. 퇴계 선생님이 돌아가신 후에 제자들이 뜻을 모아 도산 서당을 중심으로 이런저런 건물을 지어 도산 서원을 만들었어."

"서당과 서원의 차이는 뭔데?"

"보통 서당은 어린 학생들이, 서원은 청년들이 공부했던 곳으로 알고 있는데 그건 잘못된 거야. 서당에서도 청년들이 공부했어. 다만 서당은 공부만 하는 곳이고, 서원은 훌륭한 분을 모시고 제사를 지내는 역할도 함께하

도산 서원 전경

는 곳이야. 예를 들어 오늘 우리가 가는 소수 서원은 학자들이 제자들을 가르치던 곳이지만, 성리학자인 안향 선생님을 모시는 곳이기도 해."

"아, 그런 차이가 있었구나. 넌 별걸 다 안다."

"도산 서원에 대해 아빠가 더 많이 설명해 주셨는데 다 잊어버렸어. 오늘 가면 도산 서원에 대해 많이 알게 될 거야."

"한 가지만 더 물어봐도 돼?"

"뭔데?"

"오늘 소수 서원도 간다고 하던데 소수 서원에 대해서도 잘 아니?"

"잘 몰라. 다만 퇴계 선생님과 관련된 것만 조금 알아."

"아는 거라도 얘기해 줘."

"소수 서원은 경상북도 영주시에 있는 서원이야. 옛날에는 영주시가 풍

소수 서원

기군이었는데, 퇴계 선생님이 풍기 군수로 계신 적이 있었지. 그때 얼마 동안 그곳에서 학생들을 직접 가르치셨어. 그곳에 가면 퇴계 선생님이 바위 위에 쓰신 글씨도 볼 수 있어. 소수 서원의 원래 이름은 백운동 서원이었는데, 퇴계 선생님이 이 서원에 토지와 노비를 내려 달라고 나라에 요청을 했대. 임금님이 이를 흔쾌히 받아들여서 '소수 서원'이라는 이름과 함께 토지와 노비를 내렸지. 이때부터 나라에서 인정해 준 서원이 된 거야. 나라에서 인정해서 임금님이 이름을 지어 주고 토지나 노비를 내려 준 서원을 사액 서원이라고 하는데, 소수 서원이 바로 우리나라 최초의 사액 서원이야."

"너 정말 대단하다. 서원 박사네."

우리는 도산 서원과 소수 서원에 대한 이야기로 시간 가는 줄 몰랐다. 고속도로를 얼마나 달렸을까? 저 앞에 남안동 IC가 보였다. 남안동 IC를 나

안동 입구의 도신문

오자 얼마 뒤 도로를 가로질러 기와집 모양의 큰 대문이 보였다. 거기에는 큰 간판이 있었는데 '한국 정신문화의 수도, 안동'이라고 쓰여 있었다. 안동이 한국의 정신문화에서 중요한 의미를 갖는 곳이라는 뜻인가 보다. 퇴계 선생님을 비롯하여 안동에 훌륭한 선비들이 많았고 그것이 지금 우리나라 정신문화에 중요한 역할을 했다는 뜻인 모양이다.

조금 있으니 도산 서원에 도착했다는 안내 방송이 나왔다. 순간 긴장이 됐다. 혹시 퇴계 선생님을 만날 수 있지는 않을까?

도산 서원은 푸른 나무들로 둘러싸여 있는 고요한 곳이었다. 서원으로 들어가는 길도 멋있었다. 퇴계 선생님이 계시던 그 시절에도 도산 서당에 들어가려면 이 길을 지났겠지? 그때 선비들은 저마다 마음속에 하나씩 꿈을 가지고 이 길을 걸어갔으리라. 문득 나도 그 시대로 돌아간 듯했다.

도산 서당

서원에 도착하자 10여 채의 건물이 보였다. 앞에는 큰 마당이 펼쳐져 있고, 서원 앞뜰에는 큰 냇물이 유유히 흐르고 있었다. 순간 나도 이런 곳에서 한평생 공부하면서 살면 어떨까 하는 생각이 들었다.

서원을 관리하시는 선생님 한 분이 우리를 안내해 주셨다. 먼저 들어간 곳은 도산 서당이었다. 도산 서당은 퇴계 선생님이 살아 계셨을 때 사용하던 곳이라는데, 조그마한 건물 한 채였다. 건물 앞쪽에 '도산 서당(陶山書堂)'이라는 한자가 보였다. 퇴계 선생님이 직접 쓰신 글이란다. 퇴계 선생님이 생활하셨던 작은 방과 부엌도 보였다. 그리고 옆쪽에는 마루가 있었다. 마루에서 주로 제자들을 모아 가르치셨다고 한다.

도산 서당의 마루 한쪽에 걸터앉아 보았다. 퇴계 선생님도 하루에 몇 번씩 이 마루에 앉아 자신의 삶을 되돌아보고 앞으로 어떤 삶을 살아가야 할지 고민하셨을 것 같았다.

도산 서원 전교당

도산 서당을 지나 작은 길을 따라 위쪽으로 올라갔더니 '광명실(光明室)'이 나왔다. 이곳은 책을 보관하던 곳이라고 한다. 그곳을 지나니 '도산 서원(陶山書院)'이라는 큰 글씨가 쓰여 있는 건물이 보였다. 도산 서원에서 가장 큰 건물인 '전교당(典敎堂)'이라고 했다. 도산 서원이란 글씨는 조선 시대 최고의 명필로 알려진 한석봉 선생님이 쓰셨다고 한다. 이곳 전교당에서 많은 학생들이 모여 공부를 했다고 한다.

　그 밖에도 여러 건물이 있었다. 학생들이 머물렀던 기숙사, 음식을 했던 부엌, 돌아가신 분의 위패를 모신 사당 등 여러 건물을 둘러보았다. 이곳 사당은 퇴계 선생님과 제자인 월천 조목 선생님을 모신 사당이라고 한다.

도산 서원 광명실

몇몇 건물들을 둘러보고 내려오니 옥진각(玉振閣)이라는 박물관이 보였다. 퇴계 선생님과 도산 서원에 관련된 물품을 전시하는 곳이었다. 퇴계 선생님이 생전에 쓰신 지팡이와 벼루도 있었다. 마치 내가 세월을 거슬러 그때의 이곳에 와 있는 느낌이 들었다.

퇴계 선생님은 이곳에 머물면서 무슨 생각을 하면서 사셨을까? 제자들에게는 어떻게 살아가라고 가르치셨을까? 문득 퇴계 선생님이 어떤 삶을 살아가셨는지 궁금해졌다. 이번 도산 서원 여행을 마치고 꼭 퇴계 선생님에 대하여 찾아봐야겠다.

1장
노력이 만든 열매

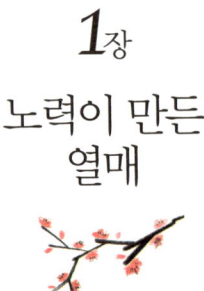

어느 작은 시골 집 방문 앞에 여러 사람들이 모여 웅성거리고 있었다. 방 안에서는 이따금 고통스러운 여인의 목소리가 들려왔다.

"산모와 아기 모두 건강해야 할 텐데……."

"그러게 말이야."

한참 시간이 흘러 기다리던 사람들이 모두 지칠 무렵이었다. 방 안에서 아기의 우렁찬 울음소리가 들려왔다. 울음소리는 온 집 안에 울려 퍼졌다.

"아기가 무사히 태어났나 보다. 참 다행이야."

모두들 안도의 한숨을 내쉬었다. 그리고 아기의 탄생을 기뻐했다. 동방의 위대한 학자, 이황이 태어나는 순간이었다.

이황은 1501년(연산군 7) 경상도 예안현 온계리(지금의 경상북도 안동

군 도산면 온계리)에서 아버지 이식과 어머니 박씨 부인 사이의 7남 1녀 중 막내로 태어났다.

이황의 부모님은 여느 아버지, 어머니처럼 자식을 낳은 기쁨이 컸다. 이황을 낳기 전 어머니는 이상한 꿈을 꾸었다.

'참 이상도 하구나. 공자님이 우리 집 대문으로 들어오다니.'

유교를 중시했던 당시, 유교를 세운 공자가 집으로 들어오는 꿈을 꾸었으니 예사로운 꿈이 아니라고 생각한 것이다. 꿈을 꾸고 나서 얼마 지나지 않아 이황이 태어났다. 지금도 이황이 태어난 집 문에는 '성임문(聖臨門)'이라는 **편액**이 걸려 있다. 성임문은 '공자가 들어온 문'이라는 뜻으로, 나중에 이황의 수제자인 학봉 **김성일**이 붙인 이름이다.

이황은 여러 사람들의 축복 속에서 태어났으나 이 행복은 오래가지 못했다. 이황이 태어난 지 7개월도 되기 전에 아버지가 세상을 떠난 것이다. 이황의 어머니는 하늘이 무너지는 것 같았다.

'이제 어찌한단 말이냐. 가뜩이나 넉넉하지 않은 살림에 혼자 이 많은 자식들을 어떻게 키운단 말인가……..'

편액
종이, 비단, 널빤지 따위에 그림을 그리거나 글씨를 써서 방 안이나 문 위에 걸어 놓는 액자.

김성일
조선 중기의 학자이며 이황의 제자이다. 1590년에 통신 부사로 일본에 갔다가 돌아와, 일본의 사정을 알렸다.

이황의 어머니는 깊은 슬픔에 빠졌다. **지아비**를 떠나보내야 하는 슬픔과 자식들을 홀로 키워야 한다는 부담감이 거센 파도처럼 밀려왔다.

훗날 동방의 대학자라 불린 이황이었지만 이처럼 인생의 시작은 매우 초라했다. 어쩌면 이런 초라한 시작이 이황을 더욱 큰 사람으로 이끌었는지도 모른다.

이황의 어머니는 33세의 나이에 혼자서 집안 살림과 여덟 명이나 되는 자식들의 교육을 책임져야 했다. 더욱이 집안 형편이 매우 어려워 농사일뿐만 아니라 누에치기까지 하면서 자식들을 키워야 했다.

매일 힘겨운 삶을 살았지만 이황의 어머니는 조금도 흐트러짐이 없었다. 글공부를 한 적은 없었지만 매우 슬기로운 여인이었다. 특히 자식 교육에 매우 엄격했다. 기회가 닿을 때마다 자식들을 모아 놓고 타일렀다.

"너희들은 항상 몸가짐을 단정히 해야 한다. 절대 아버지 없는 자식이란 소리를 들어서는 안 되며 가문에 먹칠을 하는 일도 없어야 한다. 돌아가신 아버지가 하늘에서 너희들을 늘 보고 계신다."

"예, 어머니. 어머니 말씀 받들어 항상 몸가짐을 단정히 하고 열심히 공부하도록 하겠습니다."

"그래. 너희들이 어미의 마음을 알아줘서 고맙구나."

효심이 깊었던 이황과 이황의 형제들은 어머니의 말씀에 따라 바르게 자라났다.

이황이 태어나서 어린 시절을 보낸 곳은 조용하고 아름다운 마을이었다. 뒤에는 야트막한 산이 있고, 앞으로는 강이 있어서 사시사철 맑은 물이 흘렀다. 같은 성씨를 가진 집안 사람들이 모여 사는 동네였다. 이황은 동네 어른들한테 귀여움을 받으면서 자랐다. 한편으로는 조금이라도 흐트러진 행동을 하면 동네 어른들한테 호된 꾸지람을 들어야 했다.

마을에는 작은 시내가 흐르고 있었다. 이황은 어렸을 때 책을 읽다가 지치거나 무료해지면 이 시냇가에 나와 걷곤 했다. 이황은 후에 호를 '퇴계'라고 붙였는데, 이 시내에서 따왔다. 퇴계(退溪)는 '물러나 조용히 머물고 있는 시내'라는 뜻이다. 이황은 때로는 푸른 하늘을 보며, 때로는 흘러가는 시냇물을 보며 하염없이 생각에 잠기곤 했다.

이처럼 이황은 비록 집안 형편이 넉넉하지는 않았지만 주변의 보살핌과 아름다운 자연 속에서 마음껏 뛰어놀고 공부할 수 있었다.

이황은 6세 때 이웃집 할아버지에게 《천자문》을 배우며 공부를 시작했다. 이황은 공부를 하러 갈 때면 아침 일찍 일어나 세수하고 머리를 빗어 용모를 단정히 했다. 그리고 반드시 이웃집 울타리 밖에서 전날 배웠던 것을 몇 번씩 되새긴 다음 수업을 받았다. 집으로 들어가서는 공손히 절을 하고 무릎을 꿇고 공부했다. 하루도 빠지지 않고 늘 그렇게 했다.

이웃집 할아버지는 이런 이황의 모습에 놀라지 않을 수 없었다.

'이 아이는 틀림없이 훌륭한 인물이 될 거야. 여섯 살짜리 아이의 태도로

지아비
'남편'을 예스럽게 이르는 말.

는 믿기지 않아.'

12세 때부터는 작은아버지한테 본격적으로 공부를 배웠다. 이황의 작은아버지인 송재 이우는 당시 강원도 관찰사를 지낸 뒤 고향에 돌아와 있었다. 작은아버지는 자기 자식 이상으로 이황을 아꼈고, 이황 역시 작은아버지를 매우 존경하고 따랐다.

어느 날 이황이 작은아버지한테서 《논어》를 배우고 돌아오는 길이었다. 아무리 생각해도 그날 배운 것 중에서 한 글자가 도저히 이해되지 않았다.

'이 글자가 무엇을 뜻하는 글자지? 도대체 이해를 할 수 없군. 더 생각해 봐야지.'

이황이 이해하기 어려워했던 글자는 바로 《논어》에 나오는 '이(理)' 자였다. 이황은 이 글자의 뜻을 알아내기 위해 여러 날 고민했다. 그동안 배웠던 글자를 참고하고 다른 책을 찾아봤지만 정확한 뜻을 알기는 쉽지 않았다. 생각을 거듭한 끝에 이황은 어렴풋하게나마 그 글자의 뜻을 깨달을 수 있었다.

이황은 자신이 글자의 뜻을 제대로 이해했는지가 궁금했다. 어느 날 작은아버지에게 물었다.

"무릇 사물의 가장 올바른 것이 '이(理)'입니까?"

《논어》
공자와 그의 제자들의 언행을 적은 책으로, 대표적인 유교 경전이다.

"네가 그 글자의 깊은 뜻을 이해했구나. 물론 '이'라는 글자의 뜻을 한마디로 말하기는 어렵다. 하지만 옳은 것을 뜻하는 것은 분명 맞다."

이황의 말을 들은 작은아버지는 무릎을 탁 치며 매우 기뻐했다. 이황이 글자의 뜻을 알아낸 것은 그야말로 노력에 노력을 거듭한 결과였다. 작은 성취였지만 노력으로 얻은 것이었기에 이황 역시 몹시 기뻤다.

작은아버지는 이렇게 노력하는 이황을 매우 자랑스럽게 생각했다.

"우리 집안에 이런 인물이 태어나다니. 무엇보다 광상이는 매사에 성실한 아이야."

작은아버지는 이황의 총명함과 성실함에 대해 칭찬을 아끼지 않았다. 이황의 어릴 때 이름은 서홍이었는데, 작은아버지는 서홍이라고 부르지 않고 별명을 지어 불렀다. 이황의 이마가 넓다고 하여 '넓을 광(廣)' 자를 써서 광상이라고 불렀다.

작은아버지에게서 배우면서 이황은 공부에 더 재미를 느꼈고 《논어》 공부에 몰두했다. 천천히 《논어》의 깊은 뜻을 하나씩 이해해 나갔다. 처음부터 끝까지 한 자도 틀리지 않고 외웠다. 무엇보다 글자 하나하나가 지니고 있는 뜻을 이해하기 위해 노력했다.

하루는 '집에 들어와서는 효도하고 밖에 나가서는 공손해야 한다.'라는 논어의 문구를 보게 되었다. 이황은 '사람의 자식 된 도리는 마땅히 이와 같이 해야 한다.'라고 생각하면서 배운 것을 몇 번이고 되새기고 그것을 실천하려 했다. 또한 항상 몸가짐을 단정히 했고 어머니에게 효도를 다하려 했다. 단순히 아는 것에 그치지 않고 그것을 반드시 실천하려고 한 것이다.

15세 때 이황의 작은아버지는 고향 마을과 가까운 청량산에 청량정사라는 작은 집을 지었다. 아들들과 조카들이 조용히 공부할 수 있도록 하기 위해서였다. 청량정사는 숲과 바위로 둘러싸여 있어 경치가 아름답고 매우 조용하여 공부하기에 좋은 곳이었다. 이황은 청량정사에서 형들과 함께 지내며 밤낮으로 공부에 열중했다. 공부를 하다가 모르는 것이 나오면 작은아버지를 찾아가기도 하고, 형들한테도 많은 것을 배웠다.

잠시 이웃 어른이나 작은아버지한테서 공부를 배웠지만 짧은 시간이었을 뿐, 이황은 어렸을 때부터 주로 혼자서 공부해야 했다. 어린 시절부터 공부에 뜻을 두었으나 체계적으로 공부할 수 있는 환경은 아니었던 것이다. 혼자 하는 공부였기에 많은 시간을 들여 스스로 터득하고 노력하는 수밖에 도리가 없었다.

그런 환경에서 자랐기에 이황은 어릴 때부터 성실하지 않으면 아무것도 이룰 수 없다는 것을 잘 알고 있었다. 때로는 마음이 흔들릴 때도 있었지만 그럴 때마다 자신을 되돌아보고 다짐을 했다.

이황은 공부나 삶에 대해 이런 마음을 갖고 생활하며 노력에 노력을 거듭했다. 그랬던 탓인지 어렸을 때부터 건강이 그리 좋지 못했다. 이황은 평생 동안 크고 작은 병에 시달려야 했다. 그렇지만 그 병도 평생 열심히 공부하고 공부한 것을 실천하고자 하는 이황의 마음을 꺾지는 못했다.

이황은 여느 위인들처럼 어렸을 때부터 천재 소리를 듣지는 못했다. 그렇지만 평생 동안 하루하루를 성실하게 살았기에 세상의 그 어떤 천재보다 많은 업적을 남겼고 지금도 수많은 사람들의 존경을 받고 있다.

사서삼경

　사서삼경은 유교의 기본 경전으로, 유교 공부의 기본이 되는 책들을 말한다. 사서는 《대학》, 《논어》, 《맹자》, 《중용》의 네 권이고, 삼경은 《시경》, 《서경》, 《주역(역경)》의 세 권의 책이다. 사서는 주로 공자나 맹자의 사상을 모아 놓은 책이고, 삼경은 시집이나 역사서 등이다. 여기에 《춘추》와 《예기》를 더한 것을 사서오경이라고 한다.

　사서삼경은 중국의 유명한 사상가들의 삶이나 학문을 모아 놓은 것으로, 성리학(유학)을 나라의 중심 학문으로 삼았던 조선 시대에는 반드시 읽어야 할 가장 기본적이면서 중요한 책이었다. 본격적으로 공부를 하기 위해 반드시 읽어야 할 책이었고, 과거 시험을 보기 위해서도 충분히 읽고 이해해야만 했다.

　《논어》는 유교 경전의 가장 기본이 되는 책으로, 중국의 사상가인 공자의 가르침을 모아 놓은 것이다. 주로 공자와 제자 사이에 묻고 답하는 내용을 담고 있으며, 공자의 삶을 기록해 두고 있다. 누가 썼는지는 정확히 전해지지 않는다.

　《맹자》는 중국의 사상가인 맹자의 말과 행동을 담아 놓은 책으로, 맹자의 사상을 정확하게 알 수 있는 유일한 책이라고 할 수 있다. 맹자 자신이 쓴 책이라는 설과 맹자가 세상을 떠난 후에 제자들이 쓴 책이라는 설이 있다. 중국 춘추 전국 시대의 역사를 배경으로 하고 있다.

　《대학》은 공자의 가르침 중에서 중요한 부분을 따로 떼어 내 정리한 것으로 공자의 사상을 담은 《예기》의 일부이다. 중국 송나라 시대 사마광이 처음으로 떼 내어 《대학광의》라는 책

《맹자》 주자가 《맹자》를 해석한 것에, 학자들의 풀이를 덧붙인 책.

을 만들었고 이것을 주자가 일부 정리하여 만든 것이다.

《중용》은 공자의 손자인 자사가 지은 것으로 알려져 있으며, 《예기》에 수록되어 있던 내용을 정리한 것이다. 송나라 때 하나의 단행본으로 발간되어 독립적인 책이 되었다.

《시경》은 춘추 시대의 시가를 모아 놓은 것으로 중국에서 가장 오래된 시집이다. 모두 305편의 시가 실려 있다. 시는 일상의 삶에 대한 것에서부터 정치 비판에 이르기까지 다양한 내용으로 구성되어 있다.

《중용언해》《중용》의 원문에 한글로 토를 달고 풀이를 붙인 책.

《서경》은 일종의 역사서로 공자가 요 임금과 순 임금에서부터 주나라에 이르기까지의 역사를 기록해 놓은 책이다. 중국에서 가장 오래된 경전이다.

《주역》은 끊임없이 변화하는 자연 현상의 원리를 설명한 책이다. 우주의 섭리를 담은 책으로, 일종의 예언서 역할도 한다.

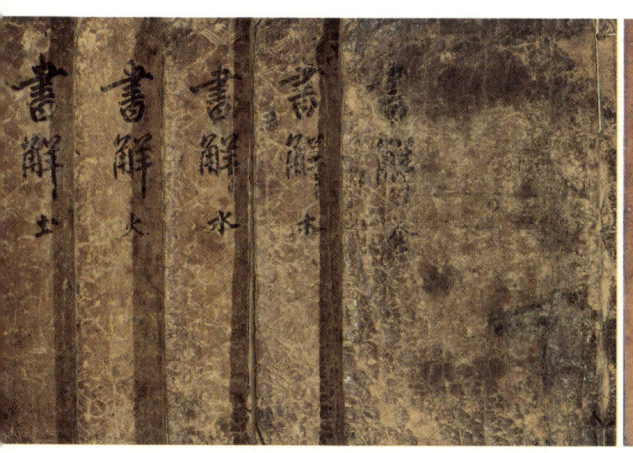
《서전언해》《서경》을 한글로 토를 달고 원문을 번역하여 쓴 책.

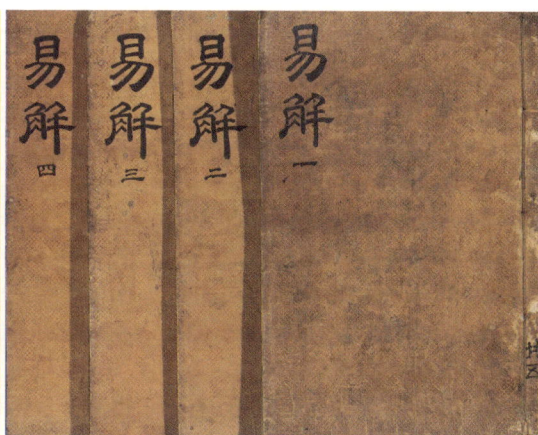
《주역언해》《주역》을 한글로 풀이한 책.

2장
책 속에서 길을 찾아

"큰일이야."

"무슨 일인데 그러는가?"

"우리 집 아이는 책을 너무 안 읽어서 문제인데, 저 아이는 책을 너무 많이 읽어 걱정이야."

"책을 너무 많이 읽는 것이 무슨 걱정이란 말인가? 자네는 별걱정을 다 하는군."

"건강이 염려되어서 그렇지. 이 사람아."

마을 사람들 몇몇이 모여 어린 이황을 두고 한 말이다.

이황은 어릴 때부터 손에서 책을 놓지 않았다. 또래의 다른 아이들은 밖에서 뛰어노는 것을 좋아했지만 이황은 친구들과 함께 노는 것보다 책 읽기를 좋아했다. 잠시 집 밖을 나갈 때에도 늘 책을 간직하고 있었고, 밤을 새워 책을 읽은 적이 한두 번이 아니었다.

이황은 책을 매우 소중히 여기고 구할 수 있는 책이면 모두 구해 읽었다. 책을 읽다가 어려운 내용을 만나면 여러 번 읽어서 이해해 보려고 노력했고, 그래도 해결이 안 되면 또 다른 책을 찾아 읽으며 결국에는 그 뜻을 이해하고야 말았다.

책에는 수많은 성인들의 말씀이 고스란히 남아 있고 수많은 지식과 지혜가 들어 있다. 이를 온전히 받아들이던 이황은 시간 가는 줄 모르고 책을 읽곤 했다. 책을 읽고 있노라면 그 새로움에 빠져 더 깊이 읽을 수밖에 없었다. 순간순간 독서 **삼매경**에 빠진 적이 한두 번이 아니었다. 며칠 만에 책 한 권을 쉽게 읽는 것은 아니었다. 때로는 한 권의 책을 몇 달 동안 읽었고 심지어 1년 동안이나 읽은 책도 있었다. 그렇게 정성껏 읽은 덕분에 책 한 권 한 권이 모두 새롭게 다가왔고 하나하나가 마음의 양식이 되었다.

이황이 책을 좋아하게 된 데에는 집안 환경의 영향도 있었다. 이황의 집에는 책이 매우 많아서 어려서부터 손쉽게 책을 접할 수 있었던 것이다. 그 당시에는 책을 구하기가 쉽지 않고 값도 비쌌다. 양반집이라면 보통 몇 권의 책은 갖추고 있었지만 이황의 집에는 특히 책이 많은 편이었다. 이렇게

삼매경
잡다한 생각을 버리고 오직 하나의 대상에만 정신을 집중하는 경지.

책이 많은 데에는 사연이 있었다.

이황의 아버지 이식의 첫 번째 부인은 김 씨였다. 김 씨의 집에는 책이 많은 편이었다. 어느 날, 이식의 장모는 공부를 좋아하는 사위를 보고 이렇게 말했다.

"자네는 책 읽기를 참 좋아하는 것 같군. 모름지기 책은 그것을 필요로 하는 사람에게 있어야 하는 법이지. 우리 집에 있는 책을 모두 가져가게."

"아니, 이 많은 책을요? 구하기도 어려운 것인데 이걸 모두 저한테 주신다고요?"

"그렇다네. 나는 자네가 늘 책을 즐겨 읽는다는 소식을 듣고 있었네. 언젠가는 모든 책을 자네한테 주려고 했네."

"이렇게 소중한 책을 모두 제게 주신다니…… 뭐라 감사의 말씀을 드려야 할지 모르겠습니다. 소중히 간직하면서 잘 읽겠습니다."

이황의 아버지는 이렇게 처가에서 많은 책을 받게 되었다. 그는 처가에서 가져온 책을 읽고 또 읽었다. 그리고 책을 소중히 보관하여 자식들도 읽을 수 있도록 했다. 하루는 자식들을 불러 모아 놓고 이렇게 말했다.

"나는 밥 먹을 때에도 책이요, 잠잘 때에도 책이요, 앉아 있으나 어디를 가나 내 품에서 뗀 일이 없다. 너희들도 이와 같이 하여라. 부질없는 날을 보낸다면 어찌 소망이 이루어지겠느냐?"

"예, 명심하겠습니다."

자식들은 아버지의 뜻에 따라 책을 소중히 여기며 읽고 또 읽었다. 이황 역시 마찬가지였다. 어려서부터 책을 손쉽게 접하면서 많은 책을 읽었다.

19세 때에는 《**태극도설**》에 깊이 빠졌고, 23세 때에는 《**심경**》에 빠졌다. 《**성리대전**》을 읽고는 학문에 새롭게 눈을 뜨게 되었다.

20세 때 이황은 《**주역**》에 빠졌다. 이황이 살았던 마을에서 그리 멀지 않은 곳에 용수사라는 절이 있었는데, 이황의 집안사람들은 자주 그곳에 가서 공부를 했다. 이황도 용수사에서 공부를 하곤 했는데, 이곳에서 공부하며 《주역》에 빠져 잠도 제대로 자지 않고 먹을 것도 제대로 먹지 않으면서 책을 읽었다. 건강을 해치면서까지 책에 빠져들었던 것이다.

이황이 《**주자대전**》을 읽을 때였다. 한여름이라 몹시 날이 더운데도 이

《태극도설》
중국 북송의 유학자 주돈이가 지은 책으로, 만물이 생성하고 발전하는 과정을 설명한 철학책이다.

《심경》
중국 송나라의 학자인 진덕수가 경전과 학자들의 글에서 심성 수양에 대한 격언을 모아 편집한 책.

《성리대전》
중국 명나라의 학자들이 황제의 명에 따라 장자, 주자 등 여러 학자들의 성리학 이론을 모아 편집한 책.

《주역》
유교 경전의 하나. 자연 현상의 원리와 우주의 섭리를 설명한 책이다.

《주자대전》
중국 송나라의 성리학자 주희(주자)의 문집.

황은 방문을 닫고 책을 읽고 있었다. 좀 더 책 읽기에 집중하기 위해서였다. 무더운 날 방에 꼼짝없이 앉아 책을 읽고 있으니 주변 사람들의 걱정이 이만저만이 아니었다. 마침 이황의 친구가 찾아와 권유했다.

"여보게, 아무리 책 읽기를 좋아한다고 해도 그렇지. 이 더운 여름에 방문을 닫고 무슨 일인가. 너무 더우니 잠시 계곡에 가서 쉬고 오세. 좀 선선해지면 그때 책을 읽게나."

"걱정해 주어서 고맙네. 나는 괜찮네."

"이 사람이 그래도! 이 더위에 문을 닫고 책을 읽다가 자칫 건강이라도 해칠까 봐 그러는 게 아닌가."

"괜찮네. 이 책을 읽고 깨달음을 얻으니 가슴속에서 서늘한 바람이 일어나네. 굳이 방문을 열어 두지 않아도 온몸이 시원하다네."

그 어떤 무더운 더위나 매서운 추위도 이황의 책 읽기를 방해하지 못했다. 더우면 더울수록 책 읽기에 몰두하면 가슴속에 시원한 바람이 불고, 추우면 추울수록 책 읽기에 몰두하면 따뜻한 온기가 가슴속에 가득 찼다.

하루는 깊은 밤에 정자에 앉아 책을 읽으니 가슴이 벅차올랐다. 그날따라 보름달이 두둥실 떠 있었다. 이황은 그 즈음 들어 특히 책 읽기에 빠져 있었고, 꽉 찬 보름달만큼이나 마음속에 기쁨이 가득 차 있었다.

'책을 읽다 보니 모르는 사이에 기쁨이 솟아나고 눈이 열리는구나. 오래 두고 반복해서 읽으니 점차 의미가 분명하게 새겨져 마치 어둠 속을 헤매다가 불빛을 본 것 같다.'

독서는 그 어떤 친구보다 이황과 늘 가깝게 있었고 많은 것을 깨우쳐 주었다. 이황은 한 권 한 권 책을 읽으면서 깨달음을 이어 갔다. 손에서 책을 놓지 않고 밤낮으로 공부했기에 어느덧 하나씩 깨달음을 얻게 되었다.

'학이시습지 불역열호(學而時習之 不亦說乎)라.'

공자의 말씀을 담은 책인 《논어》에서 처음으로 만날 수 있는 구절이다. '배우고 또 익히면 즐겁지 아니한가'라는 뜻이다. 이황은 책을 통해 배우는 것을 즐겼다. 책을 읽는 것은 고통이 아니라 기쁨이었다. 책을 읽을 때마다 샘 속에서 맑은 물이 솟듯 앎의 기쁨이 솟아 마음속에 가득 찼다.

이황은 한 권의 책을 읽더라도 꼼꼼히 읽었다. 하루는 제자가 독서에 대해 물었다.

"선생님, 책은 어떻게 읽어야 합니까?"

"글을 읽을 때는 정신을 차려서 집중해서 읽되 반복해서 읽어야 하네. 공자님은 《주역》을 삼천 번이나 읽었다고 하지 않느냐. 가죽으로 묶은 끈이 세 번이나 끊어져 고쳐 매면서 읽었다고 한다. 우리도 이와 같이 해야 할 것이야."

"왜 그렇게 여러 번 읽어야 하는지요?"

"한두 번 읽고 대충 알았다고 내버려 두면 몸과 마음에 배지 못하기 때문이지. 몸과 마음에 배어야만 참된 뜻을 깨닫게 되고 책 읽는 기쁨을 만끽할 수 있어. 너무 많이 읽으려고 하지 말고 깊이 있게 읽어야 하느니라."

"읽는 것이 내 마음과 몸에 배게 하려면 어떻게 해야 하는지요?"

"좋은 질문이네. 읽는 것에 대해 늘 생각을 해야 해. 낮에 읽은 것이면 밤에 여러 번 그 뜻을 익히려고 해야 하네. 그래야만 마음속에 그 뜻을 간직할

수 있지. 단순히 책에 있는 내용을 모두 외운 다음 필요할 때 그 내용을 줄줄 읊는다고 해서 제대로 읽은 것은 아닐세. 그 뜻을 깊이 헤아린 다음 마음속 깊이 간직하고 그것을 묵묵히 실천할 때 비로소 읽었다고 할 수 있네.

　한 권을 읽더라도 처음부터 제대로 읽고, 몇 번을 읽었다고 해서 끝났다고 팽개쳐서는 안 되네. 내 몸과 마음에 완전히 배어 충분히 내 것이 되었을 때 비로소 읽었다고 말할 수 있지. 이 단계에 이르러야만 비로소 독서의 즐거움을 맛볼 수 있는 것이야. 읽는 것을 반복한다고 해서 책의 내용이 내 것이 되는 것은 아니야. 읽은 것에 대해 하나하나 그 뜻을 되새겨 보고, 다양한 각도에서 깊이 생각해 보아야 해. 그 과정에서 서서히 뜻이 통하고 책 속에 담겨 있는 지혜가 점차 내 몸과 마음에 스며들게 된다네. 그다음에는 실천을 해야 하지. 읽은 것을 실천에 옮기지 않으면 진정으로 내 몸과 마음에 배어 있다고 말할 수 없네."

　단순히 외운다고 해서 글의 뜻을 파악하는 것은 아니며, 조용히 앉아 마음을 맑게 한 다음 그 깊은 뜻을 이해하려고 하고, 이해했으면 그것을 되새겨야 한다고 한 것이다.

　이황은 언제나 책을 손에서 놓지 않고 열심히 읽고, 읽은 것을 실천에 옮겼다. 그러던 어느 날 이황은 심한 몸살에 걸렸다. 처음에는 감기 정도인 줄 알았는데 병세는 점점 더 심해졌다. 그 와중에도 절대 손에서 책을 놓지 않았다. 주변에서 말렸지만 소용이 없었다. 이황의 가족은 걱정이 이만저만이 아니었다.

"도저히 안 되겠구나. 그냥 놔두었다간 내 자식이 죽게 생겼어. 매일 밤낮으로 책을 읽으니 몸이 견뎌 낼 수 있어야지."

어머니의 걱정에 이황의 형제들이 입을 모았다.

"어머님 말씀이 옳습니다. 이러다 큰일 날지 모릅니다. 책 읽기에 너무 몰두하지 않도록 말려야 합니다."

어머니는 이황을 불렀다.

"애야, 책을 읽는 것도 좋지만 너무 많이 읽으니 어미는 네 건강이 심히 걱정되는구나. 형들 생각도 마찬가지다. 건강을 해치지 않도록 책 읽기를 줄이는 것이 좋겠구나."

이황은 마음이 아팠다. 책을 읽고 싶은 마음은 간절했지만 사랑하는 어머니와 형제들에게 걱정을 끼칠 수는 없었다.

"예, 어머니. 알겠습니다. 앞으로는 책 읽기를 좀 줄이겠습니다. 제 건강은 제가 알아서 챙길 테니 어머니께서는 너무 걱정하지 않으셔도 됩니다."

어머니의 걱정을 덜어 드리기 위해 이렇게 대답할 수밖에 없었다. 하지만 책을 읽고 싶은 마음은 조금도 줄어들지 않았다.

'큰일이야. 책 읽기를 줄일 수도 없고, 그렇다고 어머니와 형들을 걱정시킬 수도 없고. 어떡하지?'

이황은 몇 날 며칠을 고민했다.

'그래. 이렇게 해야지.'

결국 이황은 낮에는 책을 몰래 읽고, 밤에는 천으로 방문을 가리고 읽었다. 어머니와 형들에게 죄송한 마음이었지만 책을 읽고 싶은 마음을 억누를 수 없었다.

결국 어머니와 형들이 걱정하던 일이 일어나고 말았다. 이황의 건강이 나빠진 것이다. 그런데도 이황은 여전히 책을 읽었다.

이황은 나이가 많이 들어서도 책 읽기를 그만두지 않았다. 52세 때 지은 시에서도 나타난다.

병이 깊고 능력도 없는 백발의 늙은이
이 몸 오래전부터 좀 벌레와 짝이 되어 책을 파먹고 있네.
좀 벌레야 글자 파먹은들 그 맛 어이 알랴마는
하늘이 많은 책 내려 주시어 그 속에 즐거움 가득하네.

이황은 백발의 노인이 된 이후에도 여전히 책을 읽었다. 좀 벌레가 책을 파먹고 있는 것처럼 함께 책을 파먹고 있지만, 좀 벌레는 책을 파먹는 즐거움을 알 수는 없는 것이다. 그렇지만 이황은 하늘이 내려 준 책 속에서 즐거움을 찾아 책 읽기를 그만둘 수 없다고 한다.

다음은 61세 때 도산 서당에서 읊은 시다.

산은 텅 비어 있고 방 안은 고요한데
밤공기는 차갑고 서리 기운 세구나.
홀로 누웠으나 잠이 오지 않아
일어나 옷깃 여미고 앉아

늙은 눈으로 작은 글자 읽자니
등잔불의 짧은 심지 자꾸 돋우게 되는구나.
글 속에 진정 깊은 맛 들어 있으니
그 어떤 음식보다 맛있어 만족하누나.

나이가 들수록 눈이 어두워 책 읽기가 점점 어려워졌지만 등잔불의 심지를 돋우어 가며 책 읽기에 몰두했다. 그 어떤 음식보다 책을 읽는 것이 더 맛나기 때문에 죽는 날까지 책 읽기를 멈출 수가 없다고 말하고 있다.

이황은 평생 책을 가까이 했다. 자신의 호를 조용히 물러나 지내겠다는 뜻의 '퇴계'라고 한 것도 조용히 물러나 책을 많이 읽고 싶은 마음을 담은 것이다. 한평생 많은 지식을 가지고 벼슬을 하고 제자들을 가르칠 수 있었던 것도, 많은 사람들의 존경을 받을 수 있었던 것도 많은 책을 읽었기 때문이었다. 특히 사람으로서 도리를 다하고자 하는 마음을 간직할 수 있었던 것은 독서 덕분이었다. 책은 이황에게 평생의 친구이자 스승이었다.

역사 한 고개

이황이 쓴 책과 글

조선의 대표적인 성리학자인 이황은 평생 동안 공부를 하면서 많은 책과 글을 썼다. 특히 벼슬에서 물러나 고향에 돌아온 이후에 본격적으로 학문에 매진하면서 자신만의 학문 세계를 이루고, 그 내용을 책으로 남겼다.

《성학십도》

1568년 당시 68세였던 이황이 17세의 선조에게 바친 책이다. 이황은 선조의 부름을 많이 받았지만 나이가 많고 건강이 좋지 않아 선조 옆을 지키기가 어려웠다. 이에 선조가 마음속에 두고 실천해야 할 덕목을 글과 그림으로 알기 쉽게 정리한 것이 《성학십도》이다. '성학'은 바른 임금이 되기 위해 공부해야 할 학문이란 뜻이다.

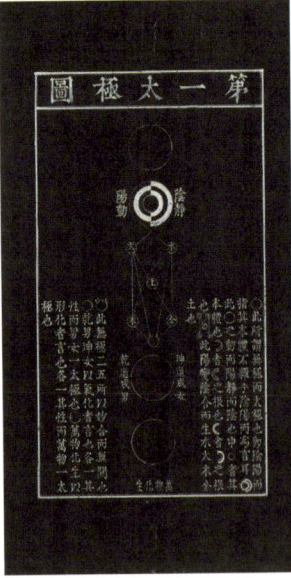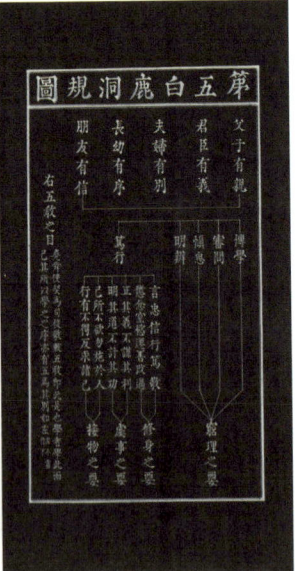

〈성학십도〉

《무진육조소》

《성학십도》와 같은 해에 쓴 것으로, 역시 선조에게 올린 6개 항목의 상소문이다. 군왕이 마땅히 갖추고 실천해야 할 도리, 덕목, 몸가짐 등을 담고 있으며, 성리학의 정치 이념이 드러나는 글이다.

《주자서절요》

주희(주자)는 중국 송나라의 유학자로 주자학을 창시하고 발전시켰다. 이황은 1543년에 중종 임금의 명에 따라 주희의 문집인 《주자대전》을 펴내는 작업을 시작했다. 《주자서절요》는 《주자대전》 중에서 서간문(편지)을 중심으로 주자학의 중요 내용을 정리한 책이다. 이 책은 주희의 사상을 총망라한 것으로 우리나라 성리학 발달의 뿌리가 되었다.

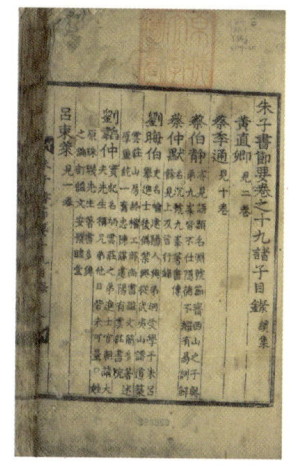

〈주자서절요〉

《계몽전의》

1557년에 이황이 주희가 쓴 《역학계몽》이란 책에 대해 자신의 설명과 해석을 붙인 책이다. 역학, 다시 말해 우주의 섭리나 수리에 관한 내용을 쉽게 풀어 쓴 책이라 할 수 있다.

〈도산십이곡〉

이황이 65세 때 지은 연시조로, 말년에 안동의 도산 서당에 머물면서 느낀 감동이나 깨달음을 시로 표현한 작품이다. 김천택의 시조집 《청구영언》에 실려 있다. 모두 12곡으로, 앞의 6곡은 자연의 아름다움을, 뒤의 6곡은 학문에 대한 다짐을 노래한 것이다. 9곡의 내용은 다음과 같다. 옛 어른들을 직접 보지 못했지만, 그분들의 훌륭한 삶은 접할 수 있기에 나도 따르고 싶다는 내용이다.

> 고인도 날 못 보고 나도 고인 못 뵈었네.
> 고인을 못 뵈어도 걸었던 길 앞에 있네.
> 바른 길 앞에 있거늘 아니 따를 수 없네.

3장
바른 자세, 바른 마음

　어린 나이에 동네 어른에게 《천자문》을 배울 때 몸가짐을 단정히 하고 부지런히 공부하는 것을 보고, 동네 어른들은 이황을 입이 마르도록 칭찬했다. 이황은 칭찬에도 우쭐해하지 않고, 그렇게 행동하는 것을 당연하게 생각했다. 이황이 이러한 생각을 갖게 된 데에는 어머니와 작은아버지의 엄한 교육이 영향을 끼쳤다.

　어머니는 막내로 태어난 이황이 늘 안쓰러웠다. 평생 아버지 얼굴도 제대로 보지 못하고 아버지의 사랑도 받지 못할 아이이기 때문이었다. 그렇지만 그럴수록 아이가 잘못될까 봐 더 엄하게 가르칠 수밖에 없었다.

　어느 날 어머니는 이황을 불러 당부했다. 매우 어렸지만 이황은 어머니 앞에 무릎을 꿇고 앉았다.

"너는 불행히도 네가 태어난 지 얼마 되지 않아 아버지가 돌아가셨다. 아버지한테 배우지 못한 것은 안타까운 일이지만 그렇다고 네가 바르게 행동하지 않으면 돌아가신 아버지를 욕보이는 일이 될 게다. 항상 바르게 행동하고 몸가짐을 단정히 하거라. 만약 네 행동이 올바르지 않으면 홀어머니 밑에서 자라서 그렇다고 동네 사람들이 손가락질을 할 수 있단다."

"예, 어머니. 명심하겠습니다."

이황의 어머니는 아들이 아직 어려서 자신의 말을 충분히 이해하지는 못할 거라고 생각했지만 그럼에도 항상 자신을 경계하라고 당부했다. 자신을 되돌아보는 방법에는 여러 가지가 있지만 몸가짐부터 단정히 해야 한다고 말하곤 했다.

이황에게 공부를 가르쳤던 작은아버지 이우는 이황을 매우 아꼈다. 하지만 아낄수록 이황을 더 엄하게 가르쳤다. 작은아버지는 어린 이황의 됨됨이를 보고 장차 큰 인물이 될 것이라고 짐작했다.

"얘야, 너는 앞으로 반드시 많은 사람의 존경을 받는 큰 인물이 되어야 하고 그렇게 될 것이다. 큰 인물이 되려면 무엇이 중요한지 아느냐?"

"잘은 모르겠습니다만 많이 배우고 배운 것을 실천해야 하는 것으로 압니다."

"그래. 그런데 그렇게 하려면 반드시 자신의 주변을 늘 살펴야 하느니라. 그 사람의 행동을 보면 그 사람의 마음을 알 수 있다. 너는 항상 몸가짐을 단정히 하고 다른 사람들에게 흐트러진 모습을 보이지 말아야 한다."

"예, 잘 알겠습니다. 항상 제 자신을 살피겠습니다."

이렇게 어머니와 작은아버지의 엄한 교육을 받은 이황은 늘 자신의 주변을 깨끗하게 하고 몸가짐을 단정히 하려고 했다. 이황은 자신이 머무는 곳을 항상 깨끗하게 정돈했다. 집은 물론이고, 벼슬에 나간 뒤 업무를 보는 곳도 항상 정갈하게 관리했다.

이황은 하루의 공부를 끝낼 때면 반드시 책상을 말끔하게 치웠다. 그리고 책은 벽장이나 책꽂이에 가지런히 순서대로 놓아 두었다. 책은 늘 가까이 두었지만 함부로 던지거나 아무렇게나 놓고 자지 않았다. 머리맡에 둘 때가 많았지만 누웠을 때 항상 자신의 머리보다 높은 위치에 책을 두었다. 책은 곧 **성현**의 말씀으로 성현의 말씀이 담긴 책은 베고 자거나 자신보다 낮게 둘 수 없다고 생각했기 때문이다.

옷은 몇 벌 되지 않았지만 항상 옷걸이에 가지런히 걸려 있었고, 방 안에 있는 물건 모두 항상 제자리에 놓여 있었다. 어떤 경우이든 한 치의 흐트러짐도 없었다.

어느 날 제자가 찾아와 이황에게 물었다.

"선생님, 항상 방 안에 있는 모든 물건을 이렇게 정돈하려면 너무 시간이 많이 걸리고 번거롭지 않사옵니까?"

"시간이 걸릴 것이 무엇이 있느냐. 필요할 때 꺼내 쓰고 다 쓰고 나면 바로 그 자리에 두면 되지 않겠느냐."

"왜 항상 정돈해 두어야 합니까?"

"주변 사물은 항상 내게 영향을 끼치기 마련이다. 주변이 어지러운데 어떻게 마음을 다잡을 수 있겠느냐."

"저도 선생님 말씀처럼 항상 주변을 깨끗하게 정돈하는 것이 좋다고 생각하지만 때로는 잘되지 않습니다."

"그럴 수 있지. 때로는 귀찮은 마음도 있고 바쁘기도 하고."

"그렇습니다."

"그럴수록 더 마음을 단단히 먹어야 한다. 내 주변이 정리되어 있지 않은데 어떻게 내 마음을 한곳에 모을 수 있겠느냐."

"예, 명심하겠습니다. 앞으로는 주변 정돈을 더 철저히 하겠사옵니다."

"그럼, 그래야지."

이황의 방에는 어릴 때부터 특별한 것이 하나 있었다. 바로 읽어야 할 책을 적어 두거나 반드시 지켜야 할 규칙을 적어 두는 공간이었다. 하루는 친구가 찾아와 물었다.

"저건 뭔가?"

"이 사람아, 보면 모르는가. 내가 해야 할 일을 적어 두는 곳이네."

"그건 알겠지만 굳이 이럴 필요가 있는가?"

"적어 두지 않으면 잊어버릴 수도 있고, 이렇게 해 놓으면 내 스스로를 다잡는 데 도움이 된다네."

"하긴."

성현
성인(지혜와 덕이 뛰어나 본받을 만한 사람)과 현인(어질고 총명하여 성인에 다음가는 사람)을 아울러 이르는 말.

"자네도 한번 해 보게. 보잘것없어 보이지만 내가 오늘 해야 할 일은 다 했는지, 잘못된 행동은 하지 않았는지 알 수 있네. 결국 내 몸가짐을 단정히 하는 데 도움이 되네."

"그래. 나도 한번 시험해 보겠네."

친구는 집에 돌아가서 이황이 말한 대로 실천해 보았다. 때로는 귀찮거나 바빠서 빼먹을 때도 있었지만 실수를 하지 않는 데 도움이 되고, 몸가짐을 살피는 데에도 도움이 되었다.

어려서부터 이황은 다른 사람들과 어울리는 것을 별로 좋아하지 않았다. 깔끔하게 정돈된 방에 혼자 앉아 조용히 생각하는 것을 좋아했다. 여러 가지 생각으로 마음이 복잡할 때면 더욱더 주변을 깨끗하게 정돈하고 마음을 가다듬으려고 했다.

어느 날 제자 **이덕홍**이 물었다.

"선생님은 늘 마음이 안정되어 있습니까?"

"어찌 내가 감히 그렇다고 하겠는가. 나도 때로는 마음이 해이해져 함부로 행동하는 일이 있네. 그렇지만 이를 항상 경계하고 두려워하네."

"정말이십니까?"

"젊었을 때의 일이지만 숙부인 송재 공께서 안동 부사로 계실 때, 여러 사람과 함께 사냥을 나갔다가 술에 취하여 말에서 떨어진 적이 있었네. 어찌나 부끄럽던지 지금도 그때 일만 생각하면 어제 있었던 일처럼 얼굴이 화끈거린다네."

"그런 실수를 하실 때가 있으셨군요."

"무릇 마음이란 흐트러지기 쉬운 것이야. 잘못된 생각이 일어나면 금방 반성하고 깨우치지만 그런 마음이 다시 들기도 하지. 때로는 잘못된 생각을 떨쳐 버리지 못할 때도 있고. 그래서 항상 자신의 마음을 살피고 다스리려는 노력을 게을리해서는 안 되네."

"명심하겠습니다."

이덕홍은 다시 물었다.

"그러면 마음이라는 것은 원래 나쁜 것입니까?"

그러자 이황은 손을 내저으며 말했다.

"아닐세. 마음이란 원래 맑게 비어 있고 고요한 것이야. 마치 거울이 사물을 비추듯이 올바른 것을 보이면 올바른 것이 비치게 되는 것이지. 잘못된 마음을 가지면 마치 거울에 진흙이 묻은 것처럼 맑지 못하게 된다네. 그러니 항상 주변을 정돈하고 깨끗한 마음을 가지려고 노력해야 해."

"잘 알겠습니다. 저도 선생님의 뜻에 어긋나지 않게 항상 몸가짐을 단정히 하고 깨끗한 마음을 가지려고 노력하겠습니다."

이덕홍
조선 중기의 학자로, 어릴 때 이황의 제자로 들어가 학문에 열중하였다. 지은 책으로 《주역질의》, 《사서질의》 등이 있다.

이황이 61세 때 고향 안동의 도산 서당에 머무를 때의 일이다. 이황은 백발의 노인이었으나 매일 새벽에 닭이 울면 일어나서 옷매무새를 단정히 하고 조그마한 책상 앞에 앉았다. 마음을 가다듬고 반드시 《심경부주》를 한

차례 엄숙하게 읽었다. 마치 기도를 하듯이 매일 아침 《심경부주》를 읽으면서 마음을 가다듬었다. 이 책을 읽으면서 자신이 잘못한 것이 없었는지를 살폈다. 이황의 그 모습은 마치 신선과 같았다. 어둠이 채 가시지 않은 고요한 산속에 백발의 노인이 홀로 앉아 책을 읽는 모습이었다.

이황은 평생 동안 자신의 몸가짐을 단정히 하려 했다. 밖으로 보이는 모습뿐만 아니라 마음속 깊은 곳까지 항상 흐트러지지 않으려고 노력했다. 이것이 이황을 위대한 인물로 이끌어 주었다.

《심경부주》
중국 송나라의 학자 진덕수가 지은 《심경》에 명나라의 정민정이 해설을 붙인 책. '심경'은 '마음을 다스리는 글'이란 뜻으로 유교 경전과 학자들의 글에서 '마음'에 관한 부분을 뽑아 구성한 것이다.

4장
무엇을 위해 공부를 해야 하나?

"이 서방네 이 도령은 좀 이상해."

"뭐가 이상하다는 말인가?"

"아니, 양반들은 으레 과거 시험을 보려고 공부를 하는데 이 도령은 공부는 하지만 과거 시험 준비는 하지 않는다고 하지 않나."

"그게 무슨 말인가? 양반집 도령이 과거 시험을 보지 않는데 왜 공부를 해?"

"그러게 말이야."

동네 사람들은 종종 이황의 공부 태도에 대해 수군거렸다. 어릴 때부터 이황은 그 누구보다 열심히 공부했다. 그렇지만 과거 시험을 볼 생각은 없었다.

과거 시험은 조선 시대에 벼슬을 하려면 반드시 거쳐야 할 관문이었다. 대부분 과거 시험을 통해 벼슬에 올랐다. 과거 시험 공부를 하지 않는다는 건 벼슬에 뜻이 없다는 것이었다.

이황의 집안 살림은 넉넉하지 않았다. 열심히 공부하고 과거 시험에 합격해 벼슬에 오르는 것이 부모님에 대한 가장 큰 효도라는 걸 이황은 누구보다도 잘 알고 있었다. 하지만 이황은 과거 시험을 위해 공부하는 걸 원하지 않았다. 그냥 공부하는 걸 좋아했다. 공부를 하면 몰랐던 사실을 깨닫게 되고 앞으로 어떻게 살아가야 하는지에 대한 지혜를 얻을 수 있었다. 그게 좋아서 공부할 뿐이었다.

이황의 어머니도 굳이 이황의 공부 태도를 나무라지 않았다. 하루는 조용히 아들을 불러 힘을 실어 주었다.

"너는 무엇을 위해 공부를 하느냐?"

"저는 그냥 공부가 좋아서 합니다."

"공부하는 게 좋아서 한다고? 그래. 굳이 과거 시험을 보기 위해 공부할 필요는 없다."

"어머니, 죄송합니다. 집안 살림에 도움이 되려면 제가 과거 시험에 합격해서 벼슬을 해야 하는데……."

"그런 생각은 하지 말거라. 물론 과거 시험에 합격하여 벼슬을 하는 것도 좋지만 난 꼭 그걸 바라지는 않는다."

"어머니, 무슨 말씀이십니까?"

"공부란 출세를 위해 하는 게 아니란다. 제대로 된 사람이 되기 위해 하는 것이지. 공부를 하면서 인생에 도움이 되는 것을 깨닫고 공부하는 것이 즐겁다면 그걸로 족하다. 그리고 앞으로 과거 시험에 합격하여 벼슬에 오르더라도 절대 높은 벼슬에는 오르지 않았으면 좋겠구나."

"다들 높은 벼슬에 오르기를 바라는데, 어머니께서는……."

"나는 네가 어떤 품성을 가지고 있는지 잘 안다. 높은 벼슬에 올라 이리저리 시달리기보다는 조용히 네가 갈 길을 갔으면 좋겠구나."

"예, 어머니. 어머니의 뜻 잘 알겠습니다."

이황의 어머니는 여느 어머니와는 많이 달랐다. 물론 자식이 공부를 많이 해서 과거 시험에 합격하고 높은 벼슬에 오르는 것도 좋은 일이라고 생각했다. 하지만 자식이 그 길을 원하지 않기에 강요하지 않았고 아들의 마음을 이해해 주려고 노력했다. 그리고 아들의 품성을 볼 때 높은 벼슬에 올라 나랏일을 하는 것이 맞지 않는다고 생각했다.

이런 어머니의 배려 덕분에 이황은 과거 시험에 얽매이지 않고 마음껏 하고 싶은 공부를 할 수 있었다. 하루하루 열심히 공부했기에 나날이 학문이 깊어지고 넓어졌다.

어머니의 마음속에는 항상 이황에 대한 미안함이 있었다. 총명한 아들이 더 넓은 곳에서 더 많은 것을 보고 배우도록 지원해 주고 싶은데 그러지 못하고 있었기 때문이다. 안동의 시골 마을에서는 볼 수 있는 책도 많지 않았고 배울 수 있는 사람도 많지 않았다. 어머니는 이황이 더 좋은 스승을 만나고 더 많은 사람을 만나고 더 많은 책을 읽어 더 높은 학문의 경지에 오르기를 바랐다.

어느 날 이황의 어머니는 결심을 하고 아들을 불렀다.

"어머니, 부르셨습니까?"

"그래. 네가 지금까지 누구보다 열심히 공부해 온 걸 내가 잘 알고 있다. 하지만 여기에서 공부하는 것은 한계가 있지 않겠느냐. 이제 한양으로 올라가 **성균관**에서 공부를 했으면 좋겠구나."

이황은 뛸 듯이 기뻤다. 이황 역시 한양에 가서 좀 더 큰 공부를 하고 싶었던 것이다. 성균관에 입학하려면 **소과**에 합격하여 생원이나 진사가 되어야만 하는데, 1527년에 **향시**를 보고 합격했기 때문에 그것은 문제가 되지 않았다. 하지만 집안 형편을 생각하면 마냥 기뻐할 수만은 없었다.

"어머니, 감사합니다. 하지만 우리 집 형편에……."

"괜찮다. 이럴 때를 위해 내가 조금씩 모아 둔 것이 있다. 집안 걱정은 말고 더 열심히 공부해서 큰 사람이 되거라."

"예, 어머니."

성균관
조선 최고의 국립 교육 기관.

소과
조선 시대의 과거 시험은 문과와 무과로 나뉘었는데, 문과의 예비 시험에 소과가 있었다. 소과는 생원과 진사를 뽑는 시험으로, 여기서 합격하면 성균관 입학 자격이 주어졌다.

향시
조선 시대에, 지방에서 실시하던 과거 시험.

이황은 집에서 읽고 있던 책 몇 권을 챙겨 봇짐을 싸서 한양으로 향했다. 어머니를 생각하면 발걸음이 무거웠지만 더 넓은 세상에서 마음껏 공부할 수 있다는 희망을 가득 안고 한양으로 가는 발걸음을 재촉했다.

성균관은 듣던 대로 웅장했다. 안동의 시골 마을에서는 보지 못했던 엄청나게 큰 건물에서 수많은 **유생**들이 공부하고 있었다. 성균관에서 가장 놀라운 곳은 서고였다. 지금까지는 보지도 못한 책들이 서고에 가득했다. 눈이 휘둥그레질 정도였다.

이황은 두 손을 불끈 쥐었다. 이곳에서 더 열심히 공부하겠노라고 다짐했다.

이황은 성균관에서도 많은 책을 열심히 읽었고 밤을 새워 가며 공부한 것을 되새기곤 했다. 그 모습을 본 주변 사람들도 저 정도로 열심히 공부하면 과거에 합격하는 것은 당연하다고 여길 정도였다. 하지만 가만히 살펴보니 이황은 과거 시험 준비를 위한 공부를 하는 것이 아니었다.

한 동료 유생이 이황에게 물었다.

"아니, 자네는 지금 무슨 공부를 하고 있나?"

"내가 하고 싶은 공부를 하고 있지."

"그 말이 아니라, 당연히 공부를 하려면 과거를 보기 위한 공부를 해야 하지 않나?"

"나는 과거 시험을 보기 위한 공부를 하지는 않네. 내가 읽고 싶은 책을 읽고 배우고 싶은 것을 공부하네."

"참 이상한 사람이구먼."

성균관 유생들은 대부분 과거 시험을 보고 벼슬을 하기 위한 공부를 했고, 과거 시험이 있을 때마다 응시했으니 이황이 이상한 사람처럼 보였던 것이다.

이황은 성균관에서 하루하루 책 읽는 기쁨을 만끽했다. 하지만 주변 분위기는 그리 좋지 못했다. 당시는 명종의 외삼촌인 **윤원형**이 권력을 마구 휘두르는 어지러운 시기였다. 당쟁도 심했고, 올바르지 않은 방법으로 벼슬에 오르는 이들이 많았다. 그런 영향으로 공부는 하지 않고 정치 이야기만 하거나 권력이 있는 사람들과 가까이 지내려는 노력을 하는 유생들도 많았다. 밤이면 공부를 하기는커녕 술을 마시는 유생들까지 있었다.

이황은 성균관 생활에 점차 회의를 느꼈다. 그러던 차에 가정 형편이 점점 어려워졌다. 21세에 결혼하여 자식까지 두고 있었던 이황은 가정의 어려움을 남의 집 불구경하듯 할 수 없었다. 이황은 성균관에 간 지 채 두 달도 되기 전에 고향으로 내려왔다.

고향에 내려온 이황은 여러 가지로 마음이 착잡했다. 가정에 보탬이 되려면 과거에 합격하여 벼슬에 나가야 하니 결국 과거 시험을 보는 수밖에

유생
유학을 공부하는 선비를 이르는 말.

윤원형
조선 중기의 문신. 조선 13대 왕 명종의 어머니인 문정 왕후의 동생으로, 을사사화라는 사건을 일으켜 윤임 등의 반대파를 몰아냈다.

없었다. 하지만 애초에 공부의 목적이 과거 시험에 합격하는 것도, 높은 벼슬에 오르는 것도 아니었던 이황은 괴로울 수밖에 없었다.

결국 이황은 과거 시험을 치르고 1534년 문과에 **급제**했다. 문과에 급제를 하는 것은 쉬운 일이 아니었다. 평생을 공부해도 문과에 급제하지 못하는 선비가 훨씬 많았다.

이황은 문과에 급제한 뒤 잠시 벼슬길에 올랐다. 그렇지만 애초에 벼슬에 큰 뜻이 없었으므로 벼슬을 오래하거나 높은 벼슬에 오르고 싶은 마음은 없었다. 벼슬길에 있다가도 틈나는 대로 벼슬을 그만두고 고향으로 돌아와 조용히 공부했다. 벼슬을 하는 중에 공부를 했다기보다는 공부를 하다가 잠시 벼슬을 했다.

이황은 평생 자신의 수양을 위한 공부를 했고 자신이 공부한 것을 다른 사람에게 나누어 주고 싶어 했다. 이황은 50세 무렵에 고향인 안동에 내려와 한서암이라는 조그마한 암자를 짓고 조용히 책을 읽고 사색하는 시간을 가졌다. 그리고 제자들을 가르쳤다. 한서암이 너무 좁아 1년 뒤에는 계상 서당을 지어 공부를 하면서 제자들을 가르쳤다. 계상 서당에서 제자들과 함께 이야기하고 학문을 가르치는 것을 이황은 매우 즐겁게 여겼다.

하루는 제자들을 불러 모았다.

급제
과거 시험에 합격하는 일.

"자네들은 무엇을 위해 공부를 하는가?"

제자들은 선생님이 어떤 마음으로 묻는지 잘 알고 있었다.

"예. 마음의 수양을 위해서 공부를 합니다."

"그래. 공부를 하는 중요한 목적 중 하나는 곧 자신을 갈고 다듬기 위함일세. 그리고 또 다른 목적은 없는가?"

"내가 어떤 사람인지를 알고 사람으로 참되게 살아가기 위해서 공부를 합니다."

"좋은 말일세. 더 크게 말하면 성인이 되기 위해 공부를 해야 하네. 누구나 성인이 되겠다는 목표를 가지고 열심히 자신을 다듬어 가면 성인의 길에 오를 수 있다네."

"예, 선생님. 명심하겠습니다. 그런데 선생님, 질문이 하나 있습니다."

"말해 보게."

"평생 공부를 하되, 벼슬에 나가면 안 되는 것이옵니까?"

"벼슬에 나가는 것이 무조건 잘못되었다고 하는 것이 아니네. 시험을 위한 공부, 벼슬을 위한 공부만 하려고 해서는 안 된다는 것이네. 공부를 해서 자신을 탄탄히 한 뒤에 세상이 자신을 필요로 하면 세상에 나가서 도움을 줘야지."

스승의 영향을 받아 이황의 제자들 중에는 평생 벼슬을 하지 않고 공부만 하거나 벼슬을 하더라도 높은 벼슬을 탐하지 않는 사람들이 많았다. 예를 들어 월천 **조목**이라는 학자는 매우 뛰어난 사람이었지만 벼슬을 하지 않고 평생 이황 옆에서 공부하면서 이황의 공부를 정리한 사람으로 유명하다.

이황은 평생 동안 공부를 했지만 자신을 수양하여 더 높은 인격을 갖춘 사람이 되기 위한 공부를 했지 출세를 위한 공부를 하지는 않았다. 결국 높은 벼슬에 오르기도 했지만, 벼슬을 위한 공부를 했기 때문이 아니라 열심히 공부하여 올바른 사람이 되었기에 높은 벼슬에 오를 수 있었던 것이다.

　　이황은 벼슬을 하다가도 자신이 나라에 도움이 되지 않는다고 생각하면 그만두었다. 벼슬을 하여 남에게 도움을 주지 못할 바에야 그만두는 것이 남을 돕는 길이라고 생각한 것이다. 벼슬을 하면서 남에게 도움을 못 주는 것은 공부가 부족해서일 수 있으니 벼슬자리에 앉아 폐를 끼치기보다 그만두고 공부에 매진해야 한다고 했다. 더 큰 공부를 하고 벼슬길에 오른다면 남에게 꼭 필요한 사람이 될 수 있다고 생각했다.

　　남들이 과거 시험을 위해, 출세를 위해 공부할 때 이황은 자신을 위한 공부를 했다. 자신이 누구인지를 깨달으려 했고 자신의 부족함을 알고 무엇이 더 필요한지를 찾으려 했다. 책을 읽으면서 지혜를 찾았고 인생을 어떻게 살아야 하는지를 깨달으려 했다. 그리고 공부에서 깨달은 것은 생활 속에서 몸소 실천했다. 그게 이황이 공부를 한 이유였다.

조목
조선 중기의 학자. 평생을 학문 연구에만 뜻을 두어 대학자로 존경을 받았고, 문장과 글씨에 뛰어났다.

역사 한 고개

조선의 교육 제도와 성균관

조선의 교육 제도

유교를 나라를 다스리는 이념으로 삼았던 조선에서는 유학을 중심으로 모든 교육이 이루어졌다.

전국 각지에는 초등 교육 기관인 서당이 있었다. 서당은 보통 개인이 세운 것으로 양반집 아이들은 보통 7~8세 무렵에 입학하여 훈장한테 《천자문》으로 기초적인 한자를 배우고, 《동몽선습》, 《명심보감》 등을 배우며 기본적인 유학 공부를 했다.

서당 교육을 마치면 한양에서는 4부 학당에, 지방에서는 향교에 들어가 유교 예법 등에 관한 공부를 했다. 중등 교육 기관이라고 할 수 있는 곳이다. 4부 학당이나 향교에서 공부한 학생들은 소과(생진과)를 보고, 합격하면 생원이나 진사가 되었다. 이들은 성균관에 입학할 수 있는 자격을 얻었고, 대과인 문과에 응시할 수 있었다. 문과에 합격하면 관직에 나갈 수 있었다.

조선 중기 이후에는 서원이 설립되면서 선현의 제사를 모시고 지방의 양반 자제들을 교육하는 역할을 했다. 서원은 주로 개인이 설립했다. 서원에서는 서당처럼 어린 학생들의 교육도 했지만 주로 중등 교육 기능을 담당했다.

기술 교육은 의학, 외국어, 산학(셈법), 법학, 천문학, 지리학 등으로 나누어졌는데, 그 일을 맡은 해당 관청에서 가르쳤다. 이 학문들은 잡학이라 부르며 대체로 천시되었고, 중인 계층에서 대를 이어서 하는 경우가 많았다.

김홍도, 〈서당〉

성균관

　성균관은 조선 최고의 국립 교육 기관으로, 오늘날의 국립 대학이라고 할 수 있는 곳이다. '성균'이라는 명칭은 고려 충렬왕 때인 1289년 당시의 최고 교육 기관인 국자감을 '성균감'으로 바꾸면서 처음 사용되었다. 1308년에 성균관으로, 공민왕 때에는 국자감으로 바뀌었다가, 1362년에 다시 성균관이 되었다.

　조선 시대에 들어와 성균관은 자리를 굳건히 잡으면서 발전하게 되었다. 성균관에는 최고 책임자로 정3품 대사성을 두었고 그 아래 몇몇 관직이 있었다. 과거 시험의 소과인 생원시와 진사시에 합격한 사람은 우선적으로 성균관에 입학할 수 있었다. 성균관에 다니는 학생들을 유생이라고 했는데, 성균관 유생의 정원은 조선 초에는 150명이었으나, 1429년(세종 11)부터 200명으로 정착되었다.

　성균관 유생들은 모두 기숙사 생활을 하며 국가로부터 일종의 장학금으로 논밭을 받았고 노비도 제공받았다. 성균관 유생들은 《논어》, 《맹자》 같은 유교 경전을 공부하면서 과거 시험(대과) 준비를 했다. 성균관에서는 공자에 대한 예를 올리기도 했는데, 공자를 모시는 사당인 문묘(대성전)에서 공자를 기리는 제사를 지냈다.

　성균관은 조선 후기에 이르면서 교육 재정이 부족하고 과거 제도가 불공정하게 운영되면서 그 기능이 약화되었다.

성균관 대성전

5장
하얀 눈 속에 핀 매화

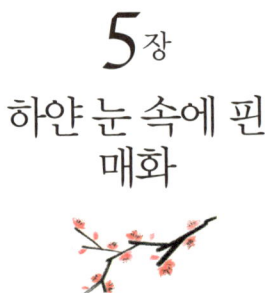

"퇴계를 한양으로 올라오라고 하시오."

명종 임금은 이황에게 **공조 판서**라는 벼슬을 하러 올라오라는 명령을 내렸다. 1566년 1월, 안동에 머물던 이황은 왕명을 받고 한양에 올라가게 되었다.

안동에서 한양으로 가는 길은 멀고도 험했다. 그날따라 살을 에는 듯한 추위까지 닥쳤다. 60세가 훨씬 넘은 나이에 건강도 좋지 못했던 이황은 가는 도중에 그만 병에 걸리고 말았다. 얼마 가지도 못하고 안동에서 그리 멀리 떨어지지 않은 풍기에 머무를 수밖에 없었다. 이황은 나라의 벼슬을 맡을 수 없다고 임금에게 **장계**를 올렸다. 이대로 고향으로 돌아가 쉬면서 병을 치료하고 싶었다.

명종 임금은 이 소식을 듣고 깜짝 놀랐다.

"공의 나이가 많은 것은 잘 알고 있소. 하지만 나랏일이 워낙 중요하니 부디 한양으로 와 주시오."

이황이 꼭 필요했던 명종은 궁궐의 **어의**를 보내 치료하게 하고 각 지방 관들에게 명하여 이황을 극진히 모셔 한양까지 편안하게 오게 하라고 했다. 이황은 이러한 임금의 마음을 차마 저버릴 수 없었다. 아픈 몸을 이끌고 한 걸음 한 걸음 한양으로 향했다. 몸은 천근만근이었다.

그러나 가야 한다는 이황의 마음보다 소백산맥의 죽령길이 훨씬 높았다. 한겨울이라 마침 눈까지 가는 길을 막았다. 임금의 명령을 받은 지 이미 꽤 많은 시간이 흘렀다. 병은 낫기는커녕 갈수록 더 깊어졌다.

'이 몸으로 더 이상 가는 것은 무리야. 임금님께 불충이지만 돌아가는 수밖에 없어.'

이황은 다시 임금에게 장계를 올렸다.

공조 판서
조선 시대 6조 가운데 산림과 건설, 수공업 등을 담당하던 공조의 으뜸 벼슬.

장계
지방에 파견된 신하가 자기 지역의 중요한 일을 임금에게 보고하는 일이나 그런 문서.

어의
궁궐 내에서, 임금이나 왕족의 병을 치료하던 의원.

"전하, 신은 나이가 너무 많고 도저히 몸이 말을 듣지 않아 명을 따르기 어렵사옵니다. 부디 신의 뜻을 받아 주시옵소서."

이황은 고향 안동으로 되돌아가게 되었다. 안동으로 돌아가는 길도 그리 쉽지 않았다. 다른 사람이라면 조금이라도 편하게 오기 위해 지방관의 도움을 받았을 것이다. 그때 이황은 공조 판서라는 높은 벼슬을 받은 상황이었지만 함부로 다른 사람의 신세를 지지 않으려 했다. 자신의 일로 다른 사람이 힘들어지는 것을 원하지 않았기 때문이었다. 특히 나랏일을 보는 사람을 성가시게 하고 싶지 않았다.

돌아오는 길에 이황은 어느 산사에 머물렀다. 요양을 하면서 임금의 명을 기다리고 있었다. 이때 아들에게 편지를 썼다.

한양으로 보낸 사람은 23일이나 24일에는 꼭 올 것이다. 이르면 내일 누님을 뵌 후 풍산에 가서 자려고 한다. 나는 안동 부사와 판관이 오지 않는다면 그곳에 가서 자려고 한다. 내가 지난번에 일러 둔 대로 절대 안동 부사와 판관이 풍산까지 오지 않도록 하길 바란다. 만일 한 사람이라도 여기 온다면 나는 그곳에 가지 않을 것이다.

부사나 판관이 오지 않으면 조용히 그곳에 가서 머물겠지만 그 사람들이 오면 가지 않겠다는 것이다. 괜히 나랏일로 바쁜 사람들을 성가시게 하고 싶지 않아서였다.

당시 안동 부사는 윤복이었고 판관은 우언겸이라는 사람이었다. 우언겸의 아들은 우추연이었는데, 훗날 그때 일을 이렇게 말했다.

"병인년(1566년)에 왕명을 받아 예천까지 갔으나 병환이 너무 깊어 더 이상 상경하지 못하고 안동의 산사에 머무셨다. 이때 모든 접대를 받지 않으시고 뿌리치셨다. 간단하게 밥상만 받으셨다. 시중들 하인도 못 오게 하셨다."

이때 이황이 머물렀던 산사가 바로 안동에 있는 천등산 봉정사였다. 봉정사는 이황이 자주 공부를 했던 곳이다. 이황은 그곳에 머물면서 시를 한 편 지었다.

예 와서 공부한 지 오십 년이 흘렀구나.
그진에는 백화 앞에서 고운 얼굴에 봄을 즐겼는데
함께 왔던 그 친구들은 지금은 다 어디로 가고
폭포 물만 옛날과 다르지 않구나.

지난날을 되돌아보면서 지금의 자신을 바라보고 있다. 나이 많고 병이 든 자신을 돌아보며 한편으로 폭포 물에 비유하며 깨끗하게 살 것을 다짐하고 있다. 폭포 물처럼 맑고 푸름을 간직하고 싶은 마음이 드러난다.

제자들 중에서도 더러는 이황의 이런 태도를 잘 이해하지 못하는 경우가 있었다.

"선생님, 높은 벼슬에 있는 사람이 나랏일로 관청의 도움을 받는 것은 당연한 이치 아니옵니까? 선생님께서 너무 지나치셨다고 생각하지는 않으시는지요?"

"그건 그렇지 않네. 아무리 나랏일이라 하더라도 내 일로 말미암아 관리들의 일이 많아져서는 안 되네. 무엇보다 관청에 지장을 주는 일을 해서는 안 되네. 공적인 일이라 하더라도 접대를 받는 것은 결코 바람직한 일이 아니야. 결국 남에게 폐를 끼치는 셈이 될 걸세."

"예, 선생님. 선생님의 뜻을 잘 알겠습니다. 저도 살아가면서 명심하겠습니다."

이황은 이런 마음을 평생 간직했다. 젊은 시절에도 마찬가지였다.

젊은 시절 단양 군수로 잠시 있던 이황이 풍기 군수로 떠날 때의 일이다. 단양을 떠나 죽령에 도착했을 무렵이었다.

단양의 **아전**들이 뛰어와서 인삼을 내려놓으면서 말했다.

"이 인삼은 관청 소유의 밭에서 수확한 것입니다. 지금까지의 관례에 따라 사또께서 가져가셔야 합니다."

"무슨 말이더냐?"

"관아의 밭에서 거둔 인삼을 조금 가지고 왔습니다."

"뭐라고? 이걸 왜 나한테 주는 것이냐. 이것은 나라의 재산이거늘."

"얼마 되지 않습니다. 관아의 밭에서 난 것이니 고을의 수령께서 드셔도 됩니다."

"무슨 소리냐. 아무리 고을의 수령이고 조그마한 것이라 하더라도 나라의 재산을 함부로 가질 수는 없는 일이지. 마음은 고맙지만 나는 절대 받을 수 없으니 그냥 가져가게."

아전들은 이황이 자신들이 생각했던 것보다 너무나 완강하여 더 이상 말을 잇지 못했다.

풍기 군수로 떠날 때 이황의 짐은 자신이 읽던 책과 몇 벌 되지 않는 옷과 아끼던 돌 몇 개가 전부였다. 풍기 군수로 올 때 빈손으로 왔듯이 떠날 때도 빈손으로 떠난 것이다. 풍기를 떠날 때 책을 담아 갔던 궤짝조차도 내 것이 아니고 관아의 것이라 하여 돌려보냈다.

풍기 사람들은 이황을 존경할 수밖에 없었다. 이황이 떠나올 때 풍기 사람들 중에서 여럿이 10리 밖까지 나와 울면서 이황을 배웅했다. 이황이 가져온 것은 재산이 아니라 풍기 사람들의 따뜻한 마음이었다.

사실 풍기 군수를 그만둔 것도 이황 자신의 뜻이었다. 병든 몸으로 벼슬을 하면 백성을 제대로 돌볼 수 없어 나라의 세금만 축내는 것이라고 생각해서이다. 그래서 사직서를 제출하고 고향으로 돌아왔다.

이황은 자신뿐만 아니라 제자들에게도 자신을 엄격히 경계하고 깨끗하게 살 것을 강조했다. 그리고 친척들과 자식들에게도 매우 엄격하게 지키도록 했다. 특히 공과 사를 분명하게 구별할 것을 강조했다.

어느 날 이황은 집안의 젊은이들을 불러 모았다.

"지금부터 내가 하는 말을 명심들 하게. 관직에 있으면서 급료를 너무

아전
조선 시대에 중앙과 지방의 각 관청에 근무하던 하급 관리.

많이 받아 남는 것도 좋지 않네. 그리고 그 돈으로 남에게 물건을 사서 보내는 것도 바람직하지 않네. 조그마한 꽃이나 나무 같은 것을 선물하는 것은 상관없을 수 있으나 그것도 잦아지면 좋지 않네. 자칫 습관이 될 수 있기 때문이네."

"예, 명심하겠습니다."

이황의 아들이 봉화 현감으로 전근을 갈 때의 이야기이다. 전근을 가기로 한 날 마침 어머니의 제사가 있었다. 조선 시대에는 제사를 지내는 것을 매우 중요한 일로 여겼기 때문에, 아들은 어머니의 제사를 지내고 봉화로 떠나려 했다.

이 말을 전해 들은 이황은 아들을 심하게 나무랐다.

"이게 무슨 소리냐. 아무리 어미 제사를 모시는 것이 중요하다고는 하나, 임금님의 명을 받아 벼슬길을 떠나는 신하가 어찌 사사로운 일을 앞세울 수 있단 말이더냐. 마땅히 고을에 부임한 후에 사사로운 일을 처리해야 할 것이니라. 나랏일로 인해 부득이 제사를 모시지 못한다면 어쩔 수 없는 일이다."

이황의 아들은 아버지가 엄히 나무라시니 별 도리가 없었다. 어머니의 제사를 모시기 전에 현감으로 부임했다. 그 이후에도 이황은 자식이 흐트러질까 봐 매사에 엄하게 대했다.

1570년 어느 가을에는 봉화에서 현감으로 있던 아들이 감을 보내왔다. 아버지의 건강을 염려하면서 아들이 보낸 선물이었다. 이황은 아들에게 편지를 썼다.

아비가 보기에 너는 그리 뛰어난 재주를 가지고 있지 않다. 고을을 다스리는 데 부족함이 많다. 고을을 다스리는 데 온 힘을 쏟아도 모자랄 판에 아비 일까지 신경을 쓸 수 있겠느냐. 그것이 내가 심히 걱정하는 일이다. 고을 일을 하다 보면 사람이 많이 드나들게 되고, 크고 작은 선물을 전하는 사람도 있기 마련이다. 너는 절대로 이런 선물을 함부로 받지 말도록 하여라. 네가 보낸 감은 누구한테 받은 것이냐. 내가 다시 돌려보내니 관청에서 필요한 데 쓰도록 하여라.

편지를 받은 아들은 잠시 서운했다.
"부인, 아버님한테서 편지가 왔는데 좀……."
"무슨 일이십니까?"
"자식이 마련한 아주 조그마한 선물인데, 이것조차도 매몰차게 거절하시는군요."
"아버님이 원래 성품이 대쪽 같으신 분 아닙니까. 어쩔 수 없는 노릇이지요."

이황은 아무리 자식이 준 선물이라 하더라도 그것이 합당하지 않으면 받지 않았다. 내 것이 아니기 때문이었다. 재물에 전혀 욕심이 없기는 어려운 일이지만, 깨끗하게 사는 것이 재물보다 더 소중했기 때문이다.

이황은 작은 것에서조차도 엄격했다. 자칫 이런 일로 아들이 관청의 일을 소홀히 할까 봐 염려스러웠고, 혹시나 다른 사람한테 이런저런 선물을 받지 않을까 염려스러웠다. 물론 이황의 아들은 평생 이런 태도로 살아가는 아버지를 보면서 그대로 따르려고 노력했고 아버지를 존경했다.

이황이 고향인 안동에 머물며 공부를 하고 있던 때였다. 이황은 고향 마을의 산속에서 공부하는 것도 좋지만 한양에서 더 많은 책을 읽고 공부하고 싶은 마음이 들었다. 그러던 차에 기회가 되어 한양으로 공부를 하러 가게 되었다.

당시, 안동에서 한양까지 가는 길은 멀고도 험했다. 그야말로 험한 산을 넘고 강을 건너 걷고 또 걸어야 갈 수 있는 곳이었다. 시중드는 하인 한 명과 길을 떠난 이황은 험한 길을 걷고 또 걸었다. 한참 가다 보니 어느덧 저녁 무렵이 되었다. 시장기가 몰려왔다. 시중을 드는 하인인 삼용이 역시 배가 고팠다.

삼용이는 급하게 저녁밥을 준비했다. 삼용이는 험한 길을 걸어온 서방님을 생각하며 좀 더 맛있는 저녁을 준비하고 싶었다. 주변에 먹을 만한 것이 없는지 이리저리 살펴보았다. 마침 주변에 콩밭이 있었다.

'마침 잘되었구나. 몇 개만 따야지.'

삼용이는 콩을 따서 밥을 지었다. 삼용이가 차려 온 저녁밥을 본 이황은 깜짝 놀랐다.

"아니, 이 콩은 무엇이더냐. 집을 떠날 때 가져온 것이 아닌 것 같은데, 어디에서 난 것이냐?"

"반찬을 마련하기 위해 이리저리 산속을 다니다 보니 콩밭이 보여 몇 개만 따 왔습니다."

"뭐라! 주인의 허락 없이 남의 것을 가져왔단 말이냐! 그것은 도둑질이나 다름이 없다."

"죄송합니다. 저는 그저……."

"당치 않다. 누구나 몇 개 정도는 괜찮겠지 하고 콩을 따 간다면 그 주인은 무엇으로 먹고산단 말이냐? 남의 것을 훔쳐서 만든 밥은 먹을 수 없으니 그만 상을 물리거라."

이황이 몹시 화를 내어 삼용이는 결국 저녁상을 치울 수밖에 없었다.

이황과 삼용이 모두 저녁밥을 굶은 채 밤을 지새웠다. 이황은 마음이 불편했다. 본의 아니게 도둑질을 한 셈이었기 때문이다. 삼용이 역시 서방님의 뜻을 헤아리지 못했다는 자책감에 잠을 이룰 수 없었다. 이황과 삼용이 모두에게 그날 밤은 유난히 길었다.

다음 날 아침 일찍 이황은 콩밭 주인을 찾아가 진심으로 사과했다.

"모두 제 잘못입니다. 귀하게 키우신 콩을 몰래 훔치고 말았습니다."

"이렇게까지 하실 필요는 없는데요."

이황의 사과를 받고 오히려 콩밭 주인이 무안해했다.

이황은 진심으로 사과하고 콩값을 지불했다. 그제야 이황은 콩이 들어가 있는 밥을 먹었다.

남의 것을 탐내지 않는 이황의 마음은 이후에도 여전했다.

이황은 한때 한양에 살았는데 옆집과는 담장 하나를 두고 있었다. 옆집 담장 안에는 수십 년은 족히 자란 듯한 커다란 밤나무가 한 그루 있었다. 여름철이면 그 가지가 마당에 뻗어 좋은 그늘이 되어 주었고, 가을이면 그 밤

알이 이황의 집 마당에까지 무수히 떨어졌다.

이황은 아침에 산책을 할 때마다 한 개도 남기지 않고 그 밤을 담장 너머로 던져 주었다. 이 모습을 지켜보던 하인이 물었다.

"우리 집에 넘어 왔으면 우리 집 것이 아니옵니까?"

"저 집에서 심어 가꾼 것이니 저 집 것이라 할 수 있지 않겠느냐?"

"그러면 우리 집에 넘어 온 가지를 잘라야 하지 않사옵니까?"

"무엇하러 그래야 하느냐. 여름에 시원한 그늘을 만들어 주지 않느냐?"

이 사실을 알고 있던 옆집 주인은 이황의 집에 항상 미안한 마음을 갖고 있었다. 자기 집 밤나무 때문에 옆집에서 매일 밤을 던져 주어야 하고 낙엽이 지면 청소를 해야 하는 불편함을 주었기 때문이다.

하루는 옆집 주인이 밤을 한 소쿠리 담아 찾아왔다.

"선생께서 아침마다 밤을 저의 집에 보내 주셔서 고맙고 송구하기 짝이 없습니다. 저희 집에서는 저희 마당에 떨어진 밤만으로도 충분히 먹고 남습니다. 그러니 선생 댁 마당에 떨어진 밤은 댁 식구들과 잡수시도록 하시지요."

그러자 이황은 고개를 좌우로 흔들면서 말했다.

"말씀은 고맙습니다만 남의 집 과실을 어찌 함부로 먹을 수 있겠습니까? 내 소유가 아닌 물건이 내 마당에 떨어져 있으니 주인에게 돌려주는 것이 옳습니다. 그리고 아이들이 이 밤을 먹으면서 어떤 생각을 하겠습니까? 그런 습성을 키우고 자라면 나중에 어떤 잘못을 범할지 알 수 없습니다."

이황은 정중히 거절했다. 옆집 주인은 저절로 고개가 숙여졌다.

이황은 인생의 많은 시간을 고향 마을에서 보냈다. 그곳에서 동네 사람들에게 많은 존경을 받으며 살았다. 내 것이 아니면 절대 탐내지 않았을 뿐만 아니라, 때로는 내 것도 흔쾌히 내주었다.

하루는 마당에서 하인들과 동네 사람들이 싸우는 소리가 들렸다. 이황은 무슨 일인지 조용히 살폈다.

이황 집의 밭을 가로질러 동네 사람들이 자주 다녔다. 그 길이 지름길이었기 때문이다. 동네 사람들도 남의 밭을 가로질러 가는 것이 미안했지만 그 길이 아니면 많이 돌아가야 했기 때문에 그 길로 갈 수밖에 없었다. 동네 사람들이 자꾸 그곳을 다니다 보니 이제 길이 되어 버렸다. 이황의 집 하인들은 이 상황을 매우 못마땅하게 생각했다. 참다못한 하인들은 사람들이 그 길을 다니지 못하게 막아 버렸다. 이 일로 동네 사람들과 다투고 있었던 것이다.

이황은 조용히 하인들을 불렀다.

"무슨 일이냐."

"예. 그게…… 동네 사람들이 우리 밭을 마치 길처럼 마구 지나다니고 있습니다."

"무슨 말인지 알겠구나. 우리 밭을 길로 내주도록 해라. 우리 밭을 지나가지 않으면 저 사람들이 얼마나 불편하겠느냐. 내가 좀 더 먹자고 어떻게 남을 불편하게 할 것이냐?"

"아무리 그래도 그렇지요. 여기는 엄연히 우리 집 밭입니다. 남의 밭을 길처럼 사용하는 사람들이 잘못된 것이 아니옵니까?"

"물론 남의 밭을 함부로 길로 사용하는 것은 잘못된 것이다. 하지만 나만 잘 살자고 많은 사람들을 불편하게 하는 것은 더 큰 잘못이다."

하인들은 이황의 고집을 꺾을 수 없었다. 아니, 이황의 마음에 하인들도 감복할 수밖에 없었다. 동네 사람들 역시 이황의 넓고 큰 마음에 크게 감동했다. 남의 것을 탐내지 않는 마음, 한 걸음 더 나아가 내게 아무리 소중한 것일지라도 남을 위해 기꺼이 내줄 수 있는 마음, 그것이 한없이 사람들의 마음을 뭉클하게 해 주었다.

이황은 평생 매화를 좋아했다. 늘 매화 화분을 방에 두었고 매화를 보며 즐거워했다. 매화와 같이 모진 겨울을 이겨 내며 깨끗한 꽃을 피우는 삶을 살고자 했고, 그렇게 살다가 세상을 떠났다. 한 치 흐트러짐 없이 맑고 깨끗하게 살았다.

역사 한 고개

사군자

사군자는 매화, 난초, 국화, 대나무의 네 식물을 일컫는 말이다. 덕을 갖춘 사람, 즉 군자와 견줄 정도로 배울 만한 가치를 지닌 식물이라 하여 사군자라 부른 것이다. 군자가 되는 것을 이상적으로 생각했던 조선 시대 선비들은 사군자를 높이 평가하며 좋아했다.

사군자는 사계절을 뜻하는데, 다시 말해 매화는 봄을, 난초는 여름을, 국화는 가을을, 대나무는 겨울을 상징한다.

매화는 겨울의 모진 추위를 견뎌 내고 가장 이른 시기에 하얀 꽃을 피운다. 매화는 흔들리지 않는 마음, 지조나 순수한 마음을 흔히 상징한다.

조희룡, 〈붉은 매화와 흰 매화〉

난초는 깊은 산중에서 깨끗한 돌이나 자갈의 양분을 먹으면서 자라 꽃을 피운다. 이 꽃의 향기는 강하지는 않을지라도 멀리까지 오래도록 은은하게 퍼져 나간다. 난초는 더럽혀지지 않은 깨끗함, 고귀함을 상징한다. 또한 번잡하지 않은 간결함, 깔끔함도 상징한다.

국화는 늦은 가을에 겨울이 오기 전의 매서운 추위를 이겨 내며 피는 꽃이다. 매서운 추위를 맞이하지만 거기에 굴복하지 않고 자신의 존재를 드러낸다. 국화는 흔들리지 않는 지조와 절개를 상징한다.

임희지, 〈난초〉   조익, 〈대나무〉

대나무는 대부분의 나무에서 잎이 떨어진 추운 겨울에도 푸른 잎을 유지한다. 또한 구부러지지 않고 꼿꼿하게 자라난다. 굽어지더라도 좀처럼 부러지지는 않는다. 대나무는 어떤 어려움에도 굴하지 않는 강인함이나 강직함을 상징한다.

사군자는 양반들이 그린 문인화(전문 화가가 아닌 사대부들이 그린 그림)의 주된 소재가 되었다. 선비의 기품을 표현하기 위해 사군자를 즐겨 그렸고, 또한 시를 쓸 때에도 사군자에 빗대어 표현하는 경우가 많았다. 화가들 역시 사군자 그림을 많이 그려, 여러 뛰어난 사군자 그림이 전해지고 있다.

김정희, 〈난초와 국화〉

6장
검소하게
더 검소하게

"아니, 우리 집에 누가 오신다고?"

"이 누추한 곳에 높은 분이 오신다니 뭘 준비해야 할지 모르겠구먼. 집안 형편도 넉넉하지 않은데 걱정이네."

이황의 집 **가솔**들은 어쩔 줄 몰랐다. 나라에서 두세 번째로 높은 벼슬을 하고 있던 권철이 이황의 집에 찾아온다고 했기 때문이었다. 당시 권철은 **좌의정**이었다.

이황은 벼슬길에 올라 고향인 안동을 떠나 한양 서편에 살고 있었다. 집을 살 형편이 못 되어 남의 집에서 세를 살고 있었고, 집안 살림도 그리 넉넉하지 못했다.

평소 권철은 이황을 매우 존경해 왔다. 존경하는 인물을 직접 만나서 가르침을 받고 싶었다. 그러던 어느 날 큰마음을 먹고 이황의 집에 찾아가기로 했던 것이다.

이황은 그 소식을 듣고 기뻤다. 이황 역시 권철이 훌륭한 인물이라는 것을 알고 있었다. 좌의정이라는 높은 벼슬에 있는 사람이 직접 찾아와서 배움을 구하겠다는데 마다할 이유가 없었다.

이황은 늘 그랬듯이 마당의 대문까지 나와 손님을 맞이했다.

"어서 오십시오. 이 누추한 곳에……."

"아닙니다. 일찍이 선생님을 뵙고 싶었습니다."

"별말씀을요. 저 같은 늙은이를 만나러 예까지 오셨습니까?"

"이렇게 환대해 주셔서 감사할 따름입니다."

이황과 권철은 서로 반가워하며 이런저런 이야기로 시간 가는 줄 몰랐다. 이윽고 저녁 시간이 되었다.

"대감마님, 저녁 준비되었습니다."

"어서 들여오거라."

가솔
한 집안에 딸린 구성원.

좌의정
조선 시대 최고 행정 기관인 의정부에 속한 정1품 벼슬. 관리들을 통솔하고 일반 정치 및 외교의 일을 맡아 하였다.

조그마한 밥상이 들어왔다.

"소찬이지만 어서 드시지요."

"예."

들어온 밥상을 본 권철은 놀라지 않을 수 없었다. 밥에 서너 가지 반찬이 다였다.

이황은 평소에 밥에 두어 가지 반찬을 먹으면서 검소하게 살았다. 그날은 귀한 손님이 온 만큼 한두 가지 반찬을 더 내놓았던 것이다.

그러나 권철은 평소 자신이 먹던 것에 비해 너무 보잘것없는 반찬이 나와 차마 숟가락을 들 수 없었다. 권철은 어쩔 줄 몰라 했다.

권철은 바늘방석에 앉아 있는 것 같아 어서 자리를 피하고 싶은 심정뿐이었다. 그렇다고 그냥 박차고 나갈 수는 없었다. 결국 몇 수저 들지 않고 조심스럽게 입을 열었다.

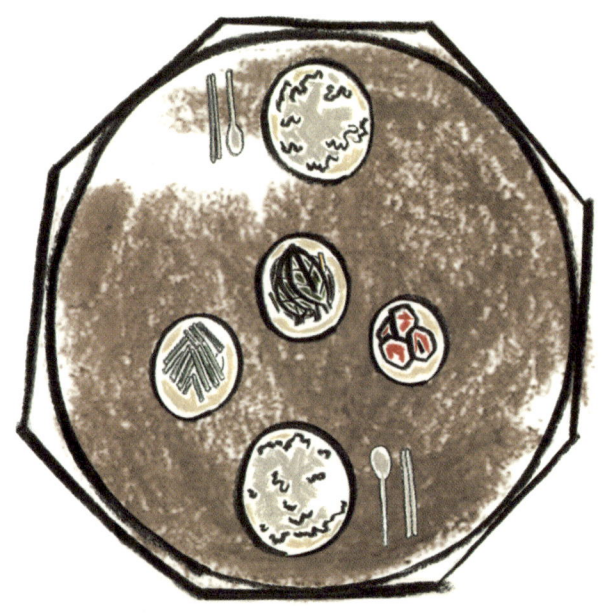

"가야 할 길이 멀어 이제 떠나야겠습니다."

"벌써 시간이 그렇게 되었군요. 아쉽지만 그만 헤어져야겠습니다."

권철은 인사치레로 말했다.

"저는 오늘 선생님을 어렵게 뵈었습니다. 오늘 떠나면 또 언제 만날지 모르니 귀한 말씀 하나 주시면 감사하겠습니다."

"예, 그러지요."

이황은 조용히 대답했다.

"오늘 대감께 드린 음식은 우리 집에서는 최대한 마련한 것입니다. 대감께서는 평소 그런 음식은 드시지 않겠지만 일반 백성이 먹는 것에 비하면 훌륭한 반찬입니다. 부디 백성들의 생활과 어려움을 알아주는 관리가 되셨으면 합니다."

"……."

순간, 권철은 묵직한 것으로 머리를 맞은 느낌이었다. 자신이 너무 부끄러웠다. 집에 돌아오는 길 내내 이황의 말이 머릿속을 맴돌았다.

집에 돌아와 잠을 청해 보았지만 잠이 오지 않았다.

'지금까지 내가 내 입과 몸을 잘못 길러서 이렇게 되었으니 참으로 부끄러운 일이다.'

권철은 반성하고 또 반성했다.

며칠 지나지 않아 권철은 궐에 들어가서 여러 관리들을 불러 모았다.

"내가 그저께 퇴계 선생님의 말씀을 듣기 위해 선생님 댁을 방문했는데, 이런 일이 있었소이다."

갑작스럽게 이런 말을 들은 관리들은 고개를 갸우뚱했다.

권철은 말을 이어 갔다.

"많은 사람들의 존경을 받는 학자였지만 밥과 반찬을 보고 놀라지 않을 수 없었소. 꽁보리밥에 반찬 서너 가지가 고작이었소."

이 말을 듣고 있던 사람들도 놀랐다.

"내가 그동안 내 입을 잘못 길들여서 매우 부끄러웠소. 내 자신이 한없이 부끄러웠소."

권철은 고개를 떨구었다. 그러면서 목소리는 낮았지만 매우 간절하게 부탁했다.

"나는 퇴계 선생님의 행실을 보고 깨달은 것이 많소. 앞으로 검소하게 살기로 다짐을 했소. 부디 여러분도 선비로서, 그리고 관리로서 모든 사람의 모범이 되어 주길 바라오."

"예, 대감님."

관리들도 모두 탄복하면서 자신의 생활을 반성했다. 권철은 이후에 평생 동안 검소한 생활을 실천했다.

이황이 **우찬성**으로 있을 때이다. 우찬성은 종1품의 매우 높은 벼슬이었다. 이때 이황은 67세로, 백발의 노인이었다. 우찬성으로 있었지만 이황의 한양 집은 초라하기 그지없었다. 이황은 한양에서 벼슬을 할 때에도 남의 조그마한 집을 세를 얻어 쓰거나 초가집에 살았다.

집이 초라했을 뿐만 아니라 입을 옷도 변변치 못했다. 벼슬자리에 있는 사람은 대개 궐에 들어갈 때 입을 관복을 두 벌 이상 갖고 있었지만 이황은 한 벌밖에 갖고 있지 않았다.

그러던 어느 날이었다. 선조 임금이 갑자기 신하들에게 궐에 들어오라는 명을 내렸다. 전갈을 받은 이황은 당황했다.

"이를 어쩐단 말인가!"

"왜 그러시옵니까?"

"궐에 들어가야 하는데 입고 갈 옷이 없소."

"옷이 없다니요?"

"금방 빨래를 했는데……. 관복은 그것 한 벌밖에 없으니 큰일이구려."

"이를 어쩐다……."

"어쩔 수 없지 않겠소. 전하께서 급히 들라 하셨으니, 젖은 옷이라도 입고 가는 수밖에……."

이황은 급히 젖은 관복을 주섬주섬 챙겨 입었다. 아직 물기가 흥건한 옷을 입은 채 황급히 입궐했다.

궁궐의 대전에는 많은 신하들이 모여 있었다. 이윽고 선조 임금도 자리에 앉았다.

우찬성
조선 시대 최고 행정 기관인 의정부에 속한 종1품 벼슬.

그런데 이황을 본 주변 관리들이 수군거렸다.

"아니, 이럴 수가! 우찬성 대감은 매우 검소하게 산다고 들었는데, 양모로 만든 관복을 입고 입궐하다니."

또 한 관리가 혼잣말로 중얼거렸다.

"집에서도 아니고, 관복을 양모로 만들어 입고 다니다니! 쯧쯧."

젖은 관복을 보고 양모로 만든 것으로 오해를 한 것이었다.

선조 임금의 귀에 이 소리가 들렸다.

"회의 자리에서 누가 이리 수군거리는가. 큰 소리로 말해 보라."

"아니. 그게……."

"어서 말하라."

"전하, 아뢰옵기 황공하오나 양모로 만든 관복을 입고 있는 이가 있어서……."

"뭐라? 양모로 만든 관복을 입다니. 백성들의 모범을 보여야 할 관리가 어찌 그런 사치를 부렸단 말이냐. 그게 누구인가?"

"우찬성 대감이옵니다."

"뭐라. 우찬성이라고?"

선조 임금은 순간 크게 실망했다. 이황에 대해서는 평생을 검소하게 살면서 학문이 높아 많은 사람의 존경을 받고 있다고 알고 있었기 때문이었다. 선대 임금들도 이황의 학문과 인품을 높이 평가해 왔다는 것을 잘 알고 있었다.

"우찬성, 이게 어찌 된 일이오. 어찌 우찬성께서……."

이황은 나지막한 목소리로 말했다.

"전하, 아뢰옵기 황공하옵니다."

"어서 말해 보시오."

"예. 사실 저희 집에는 관복이 한 벌밖에 없사옵니다. 마침 빨래를 했던 터라, 젖은 옷을 입고 올 수밖에 없었사옵니다. 양모로 만든 옷이 아니라 젖은 옷이옵니다."

"그런 것이오……."

이황의 말을 듣고 선조 임금은 크게 웃었다. 주변 신하들도 웃음을 참지 못했다. 그러면서도 잠시라도 이황의 높은 인품을 의심한 것 같아 미안해했다.

선조 임금은 이황에게 선물을 내렸다.

"한 나라의 우찬성께서 관복이 한 벌밖에 없다니, 이게 말이 되오? 내가 특별히 관복 한 벌을 선물로 내리겠소."

"성은이 망극하옵니다."

한양에서 벼슬 생활을 할 때만이 아니다. 이황은 많은 시간 고향 마을의 여기저기에서 살았지만 항상 검소하게 살았다.

높은 벼슬을 한 사람의 집이라고는 믿기지 않을 정도로 이황의 집은 초라했다. 심한 추위를 겨우 막을 정도였다. 한번은 영천 군수 허시가 그 집을 지나다가 이황을 만나기를 청했다.

"이렇게 비좁고 누추한데 어떻게 견디십니까?"

"오랫동안 습관이 되어 크게 불편한 줄 모르옵니다."

영천 군수는 절로 고개가 숙여졌다.

이황은 평소에 삼베옷을 주로 입고 다니고, 짚신을 신고 대나무로 만든 지팡이를 짚고 다녔다. 또 질그릇을 세숫대야로 사용했다. 방석은 주변에서 흔히 볼 수 있는 부들의 잎과 줄기로 만든 초라한 것이었다. 공부하는 방 역시 크기도 조그마하고 매우 초라했다.

《명종실록》을 보면 이황이 벼슬을 그만두었을 때는 집에 조 두어 말만 있었다고 적고 있다. 그리고 벼슬을 받아 한양으로 갈 때는 제대로 된 의관조차 없었다고 전하고 있다.

이황은 세상을 떠나기 몇 년 전 고향에 계상 서당을 짓고는 시를 한 수 지었다.

> 보잘것없는 초가집
> 비가 새고 바람이 들어오네.
> 마른 곳을 찾아 책상을 옮기고
> 여러 권의 책은 낡은 상자 속에 넣어 두었다네.

삶의 대부분의 시간을 겨우 비를 피하고 바람을 막을 정도의 집에서 살았던 것이다. 생의 마지막 순간에도 마찬가지였다. 이황은 자신의 죽음이 다가왔다는 것을 느끼고 자식들과 제자들을 불러 말했다.

"내가 죽거든 나라에서 주는 장례 비용을 받지 마라. 그리고 무덤을 절대로 크게 만들지 마라. 화려하지 않고 최대한 조용하게 장례를 치르거라.

이것이 내 마지막 부탁이다."

 이처럼 이황은 높은 벼슬에 올랐고 많은 제자를 두었지만 생의 마지막 순간까지 검소하게 살았다. 이황을 한두 번이라도 만난 사람들은 그를 존경할 수밖에 없었다.

《명종실록》
조선 시대 임금과 왕족의 역사를 기록한 《조선왕조실록》 중 13대 왕인 명종 재위 기간의 일을 기록한 책.

7장
바다같이 넓은 마음

경상북도 영주시 순흥면에 있는 소수 서원은 조선 시대에 세워져 지금까지도 남아 있는 우리나라의 대표적인 서원이다. 이 소수 서원 가까운 곳에 대장장이가 한 명 살고 있었다. 이 대장장이의 이름은 배순이라고도 하고 배점이라고 하기도 했다. 대장장이는 낫이나 호미 등의 농기구를 만드는 일을 주로 했는데, 순흥에서 배순이라고 하면 모르는 사람이 없었다.

"참 대단한 사람이야. 저 친구가 만든 낫이나 호미는 전국 최고일 거야."

마을 사람들은 배순에 대한 칭찬을 아끼지 않았다. 워낙 일을 꼼꼼하게 하는지라 나무랄 데가 없었다. 배순이 만든 낫이나 호미는 아주 튼튼해서 다른 대장장이가 만든 것보다 몇 배나 더 오래 쓸 수 있었다.

그러나 배순은 이따금 실수를 하기도 했다. 하루는 배순이 만든 호미를

사 갔던 사람이 화를 내며 대장간을 찾아왔다.

"이보게. 호미를 어떻게 만들었기에 이 모양인가! 몇 번 쓰지도 않았는데 이렇게 구멍이 나지 않았는가!"

배순은 호미를 이리저리 살펴보았다. 분명 자기가 만든 호미였다.

"정말 죄송합니다. 제가 그만 실수를 했습니다. 다시 새것으로 바꾸어 드리겠습니다."

배순은 머리를 조아리며 사과했다. 이 광경을 보고 있던 마을 사람들은 배순의 사람됨에 다시 한번 놀랐다.

"신분은 천하지만 사람됨은 선비 못지않아."

배순은 자신이 하는 대장장이 일을 **천직**이라 생각하고 히루도 빠짐없이 대장간에서 열심히 일했다. 그리고 헛된 말을 하지 않고, 항상 옳은 말만 하려고 노력했다. 집에서는 부모님을 극진히 모셨다. 순흥에서 이만한 효자가 없다고 할 정도로 부모에게 효를 다했다.

"양반이라도 저만한 사람이 없어. 저렇게 부모님께 효도를 다하니 분명 복을 받을 거야."

주변 사람들은 배순에 대한 칭찬을 아끼지 않았다. 조선 시대에 대장장이는 천대받는 직업이었다. 배순은 비록 천한 직업을 가졌지만 성실하고 바

천직
타고난 직업이나 신분.

르게 살았기 때문에 주변 사람들한테 인정을 받았다. 하지만 배순의 마음 한구석에는 늘 허전함이 가득했다. 혼자 조용히 있을 때면 그 허전함이 더했다.

보름달이 두둥실 뜬 어느 날 밤, 배순은 홀로 방에 앉아 혼잣말로 중얼거렸다.

"나는 대장장이가 천직인 줄 알고 열심히 살았다. 하지만 내가 지금 사람 도리를 제대로 하고 있는 것인가? 무엇보다 글자 한 자 읽지 못하는 까막눈이니, 어떻게 사람 구실을 하고 있다고 말할 수 있겠는가?"

배순은 배우지 못한 것이 늘 한이었다. 당시는 대장장이가 글을 읽을 수 없는 것을 당연하게 여기던 시대였다. 하지만 배순은 사람으로 태어나 글자를 못 읽는 것, 나아가 공부를 하지 못하는 것이 몹시 한스러웠다. 매일 아침 공부를 하러 서당으로 가는 도령들이 그렇게 부러울 수가 없었다. 자기의 신분에 만족했지만 양반들처럼 공부를 마음껏 하지 못한 것이 한탄스러워 눈물을 흘리는 날이 많았다.

그러던 어느 날 아주 기쁜 소식이 들려왔다. 평소 이름만 듣던 퇴계 이황이 소수 서원에서 제자를 가르친다는 것이었다. 이황의 높은 학문과 인품은 익히 들어서 알고 있었다. 배순은 기쁨에 가득 찼다.

'이번이 절호의 기회야. 퇴계 선생님을 한 번이라도 뵙고 배움을 얻을 수만 있다면 죽어도 여한이 없겠어.'

당시 이황은 풍기 군수로 부임해 와 있었다. 그래서 풍기에서 가까운 백운동 서원에 와서 제자들을 가르쳤던 것이다. 이 백운동 서원이 곧 소수 서원이다. 이황은 풍기 군수로 지내는 동안 백운동 서원을 사액 서원으로 만들었다. 사액 서원이란 임금이 이름을 지어 현판을 내린 서원을 말하는 것으로, 이름과 함께 책과 땅, 노비들도 함께 내려졌다. 백운동 서원은 **주세붕**이란 학자가 세운 서원이었는데, 이황이 있으면서 최초의 사액 서원이 된 것이다.

여느 때처럼 소수 서원의 아침이 시끌벅적했다.

"저게 누구야?"

"오늘도 상것이 몰래 퇴계 선생님의 말씀을 엿들으러 왔네."

"감히 자기 주제도 모르고 양반이 공부하는 곳에 천한 것이 와서 같이 공부를 하고자 하다니."

이황이 잠시 머물며 제자들을 가르쳤던 소수 서원에서 매일 아침 벌어지고 있는 일이었다. 아무리 이황의 제자들이 훌륭한 사람들이라 하더라도 당시 양반들은 천한 신분의 사람이 자기들과 같이 공부를 하는 것에 대해서는 도저히 용납할 수 없었다.

배순은 소수 서원으로 이황의 가르침을 들으러 갈 때면 아침 일찍 일어나 몸을 깨끗이 씻었다. 몸을 정갈히 하고 배우기 위해서였다. 그러고는 이황이 강의하는 곳 저 아래쪽에서 무릎 꿇고 정중하게 인사를 했다. 강의가

주세붕
조선 중기의 학자. 우리나라 최초의 서원인 백운동 서원을 세워 서원의 시초를 이루었다.

끝날 때까지 뜰아래에 서서 저 멀리 어렴풋이 들려오는 이황의 강의를 하나도 빠지지 않고 들으려 했다.

이황은 처음에는 괴이한 일이라 여기고 크게 관심을 두지 않았다. 저러다 말겠지 하는 마음도 있었다. 그러나 그 마음이 한결같음을 알고 점차 관심을 두게 되었다. 그러던 어느 날 이황은 배순을 조용히 불렀다.

"어서 방으로 들어오게."

배순은 주춤했다. 가르침을 듣는 것도 황송한데, 감히 선생님의 방에까지 들어가는 것은 쉽지 않은 일이었다. 배순은 더듬거리며 말했다.

"어떻게 제가 선생님 방에……."

"아닐세. 어서 들어오게."

"예, 선생님."

"편히 앉게."

배순은 조심스럽게 이황 앞에 무릎을 꿇고 앉았다.

"자네는 이곳에 무슨 일로 왔는가?"

"예. 선생님께 배우기 위해서 왔습니다."

"무엇을 배우기 위해서 왔는가?"

"글자도 배우고 사람이 어떻게 살아야 하는지도 배우려고 합니다."

"배워서 무엇에 쓰려고 하는가?"

"저는 어차피 과거도 보지 못하는 천한 처지에 있습니다. 그러니 특별히 벼슬을 하기 위해서 배우고자 하는 것은 아닙니다. 다만, 사람이 살아가는 데 반드시 알아야 할 것을 알고 싶을 뿐입니다."

"그러면 내가 몇 가지 물어보도록 하겠네."

이황은 대장장이인 배순에게도 여느 제자를 대할 때와 마찬가지로 공손하게 공부와 관련된 몇 가지 질문을 했다. 완전하지는 않았지만 배순은 나름대로 자기의 생각을 조리 있게 말했다. 배순과 대화를 나누고 난 이황이 결정을 내렸다.

"자네는 비록 대장장이 일은 하고 있지만 공부를 할 수 있는 자질을 갖추고 있네. 앞으로 종종 와서 배우도록 하게."

"선생님, 정말이옵니까? 어떻게 제가……."

"아니네. 자네는 충분히 공부를 할 자격이 있네."

"정말 몸 둘 바를 모르겠습니다. 미천한 몸이지만 선생님의 가르침을 빠짐없이 배우도록 하겠습니다."

배순은 세상의 모든 것을 다 가진 것처럼 기뻤다.

'세상에, 내가 공부를 할 수 있다니! 그것도 누구나 존경하는 퇴계 선생님한테 배울 수 있다니.'

배순은 얼마나 기뻤던지 소수 서원에서 집까지 어떻게 왔는지 생각이 나지 않을 정도였다.

이 소식을 들은 이황의 제자들은 깜짝 놀랐다. 평소 이황의 말이라면 무엇이든 듣고 따르려 했지만 도저히 이것만은 따를 수 없다고 생각했다.

"어떻게 대장장이를 제자로 받아들일 수 있단 말인가."

"그래, 맞아. 스승님이 아무래도 크게 잘못 생각하신 것 같네."

제자들은 이황의 뜻을 묻고 싶었다. 그래서 이황의 방으로 조심스럽게 찾아갔다.

"스승님, 드릴 말씀이 있어 이렇게 찾아왔습니다."

"그래. 무엇인가?"

"스승님께서 배순에게 가르침을 주시기로 했다고 들었습니다. 배순은 천한 대장장이에 불과합니다. 어찌 대장장이가 스승님의 가르침을 받을 수 있겠사옵니까?"

"그건 그렇지가 않네. 배우는 데에는 귀하고 천함이 따로 없네. 공자님도 그 누구든 신분에 관계없이 배울 자격이 있다고 하셨네. 배움에는 귀천이 따로 없다네."

"스승님의 뜻은 잘 알겠사옵니다만……."

"잘 듣게나. 배우고자 오는 사람을 어찌 내가 물리칠 수 있단 말인가. 신분의 높낮이보다 배우고자 하는 열정이 훨씬 중요하네."

"잘 알겠사옵니다. 저희들의 생각이 짧았습니다."

이황의 바다 같은 마음에 제자들도 수긍하지 않을 수 없었다. 비록 다른 제자들만큼 배순을 대하지는 않았을지라도 이황은 누구에게든 배움의 기회를 주고자 했다.

그러나 배순의 기쁨은 얼마 가지 못했다. 얼마 뒤 이황이 풍기 군수를 그만두고 다른 지방으로 떠나야 했기 때문이다. 이황이 풍기를 떠나야 한다는 소식을 들은 배순은 마음이 아팠지만 어쩔 수 없었다. 그러나 한 가지만은 분명했다. 비록 짧은 시간이었지만 이황의 가르침을 받은 이상 배순은 평생 공부를 하면서 살아야겠다고 다짐했다.

이황이 떠나자 배순은 스승인 이황의 모습을 본뜬 상징물을 만들어 집에 모셔 두고는 매일 아침 인사를 하면서 마치 스승을 직접 대하듯 했다.

그로부터 20여 년이 지난 어느 날, 배순은 자신의 스승인 이황이 저세상으로 떠났다는 말을 전해 들었다. 배순은 하늘이 무너지는 것 같았다. 부모님이 돌아가신 것만큼이나 충격이었다.

"하늘이 무너지는구나. 나를 낳으신 분은 부모님이고 나를 가르친 분은 퇴계 선생님이다. 한평생 의지하며 살았는데, 이렇게 떠나시고 마는구나. 실로 슬프도다."

배순은 부모님이 돌아가셨을 때처럼 3년 동안 상복을 입고 말과 행동을 조심했다. 그리고 매일 스승을 본뜬 상징물 앞에서 예를 다했다.

후에 풍기 군수로 부임해 온 이준이 배순의 행적을 나라에 보고했고, 나라에서는 배순의 훌륭함을 기리기 위해 배순이 살았던 곳에 비석을 세우게 했다. 배순은 배점이라고도 불렀는데, 배점이 살았던 곳을 배점리라고 했다. 지금도 소수 서원 근처에 배점리라는 마을이 있다. 경상북도 영주시 순흥면 배점리이다.

신분에 상관없이 가르침을 주었던 이황, 바다같이 넓은 마음을 가졌던 이황. 이황의 그 마음이 한 사람의 인생을 바꾸어 놓았다. 아니 한 사람만이 아니라 주변의 많은 사람들에게 감동을 주었고 그 사람들이 또 깨우침을 얻어 또 다른 사람에게 진한 감동을 주었다.

역사 한 고개

서원

서원이란 조선 시대의 사립 교육 기관으로, 주로 지방에서 학자들이 세워 성리학을 연구하며 제자를 가르치고 선배 유학자를 기리며 제사를 지내던 곳이다. 서원에 따라서는 책을 출판하는 곳도 있었다.

서원은 원래 중국 당나라 말기부터 시작되었지만 본격적으로 운영된 것은 송나라 때부터이다. 주자가 백록동 서원을 연 것이 대표적이다. 남송, 원, 명을 거치면서 서원은 더욱 번성하게 되었다. 우리나라에서는 조선 중종 때 풍기 군수였던 주세붕이 세운 백운동 서원이 효시였다. 백운동 서원에서는 우리나라에 성리학을 처음 들여온 고려의 학자 안향의 제사를 모시고 유생들을 가르쳤다.

서원은 개인이 세운 교육 기관이었지만 이황이 백운동 서원의 지원을 나라에 요청하면서 임금에게 이름과 현판을 받은 사액 서원이 되었다. 사액 서원이 되면 토지와 노비, 책을 주고 세금도 면제해 주는 등 나라에서 여러 혜택을 주었다.

서원은 이후 인재를 기르며 지방 교육을 발전시키고 향촌 질서를 유지하는 역할을 했으나, 붕당 정치의 파벌을 만드는 원인이 되기도 했다. 조선 후기로 가면서

소수 서원

서원은 점점 늘어났고, 서원이 가진 특권 때문에 나라 살림에 영향을 끼치기도 했다. 이에 1864년 흥선 대원군은 서원 철폐령을 내려, 서원에 대한 특권을 빼앗고 모범이 될 만한 47개만 남기고 대부분의 서원을 없애 버렸다. 남아 있는 서원 중 우리나라를 대표하는 서원들을 살펴보자.

소수 서원은 경상북도 영주시 순흥면에 있는 우리나라 최초의 서원이다. 조선 시대인 1543년(중종 38)에 풍기 군수 주세붕이 고려 말의 성리학자 안향을 모시기 위해 세웠다. 처음에는 백운동 서원으로 불렸으나 이황의 건의로 나라로부터 지원을 받은 사액 서원이 되면서 소수 서원으로 이름이 바뀌었다.

도산 서원은 1574년(선조 7)에 퇴계 이황과 그의 제자인 월천 조목의 학문을 기리기 위해 제자들과 문인들이 세운 서원이다. 경상북도 안동시 도산면 토계리에 있다.

도산 서원

병산 서원은 임진왜란 때 영의정을 지낸 서애 류성룡을 기리기 위해 세운 서원으로 경상북도 안동시 풍천면 병산리에 있다. 고려 말 풍산 류씨의 교육 기관이었던 풍악 서당에서 시작된 것으로, 류성룡이 지금의 자리로 옮겼다고 한다.

덕천 서원은 경상남도 산청군 시천면에 있는 서원으로, 1576년(선조 9) 남명 조식의 학문을 기리기 위해 세웠다.

자운 서원은 경기도 파주시 법원읍 동문리에 있는 서원이다. 1615년(광해군 7)에 율곡 이이의 학문과 덕행을 기리기 위해 세웠다.

8장
사람 밑에 사람 없고 사람 위에 사람 없다

"응애, 응애."

집 안에 아이의 울음소리가 울려 퍼졌다.

"아들입니다. 아들이 태어났습니다."

모여 있던 사람들이 다들 박수를 치고 환호했다.

"집안의 경사이옵니다. 아들이 태어났습니다."

이안도의 온 집안이 시끌벅적했다. 이안도는 이황의 맏손자로, 그의 아들이 태어난 것이다. 집안의 대를 이어야 할 소중한 아이였다. 조선 시대에는 아들이 대를 잇는 것을 무척이나 중요하게 생각했다. 이안도의 아들이면 이황의 **증손자**인 셈이다.

이황은 손자가 세 명 있었는데, 맏손자인 이안도를 무척이나 아꼈다. 이안도는 어려서부터 매우 총명했다. 이황은 기회 있을 때마다 이안도에 대한 칭찬을 아끼지 않았다.

"분명 우리 집안을 일으킬 아이야. 총명할 뿐만 아니라 기품이 있어."

이안도는 5세 때 처음 《천자문》을 배우기 시작했다. 이황은 처음 글자를 배우는 손자를 위해 손수 《천자문》을 쉽게 고쳐서 지은 다음 직접 가르쳤다. 8세 때에는 《효경》을 가르쳤다. 할아버지 이황의 가르침을 받은 이안도의 학문은 날로 높아 갔다.

15세가 되던 날 성인식을 치렀는데 이전에 쓰던 이름을 없애고 이황이 직접 '이안도'라는 이름을 지어 주었다. 이안도는 20세 때 안동 부사 권소의 딸과 결혼했다.

이황은 이안도를 매우 아낀 만큼 철저하게 교육을 시켰다. 어릴 때에는 한 집에 살고 있어서 만날 수 있었지만 성년이 되어서는 멀리 떨어져 있었다. 그래서 주로 편지를 통해 교육을 시켰다. 이황은 이안도에게 평생 153통이나 되는 편지를 보냈다.

1568년 3월에 이안도가 아들을 낳자, 이황은 증손자가 태어났다는 소

증손자
손자의 아들 또는 아들의 손자를 이르는 말.

《효경》
공자가 제자인 증자에게 효도에 대하여 가르친 내용을 기록한 책.

식을 듣고 기쁨을 감추지 못했다. 당시 고향인 안동에 내려와 있던 이황은 한양에 살고 있는 이안도에게 편지를 보냈다.

아들을 낳았다니 집안에 이보다 더 큰 경사가 없을 것이다. 실로 말할 수 없이 기쁘구나. 그런데 네 아내가 몸이 조금 아프다고 하니 그것이 걱정이로구나. 어찌 되었느냐? 한 가지 보태면 아이의 이름을 '수경'과 '창양'으로 지었으니 의논해서 둘 중에 하나로 했으면 좋겠구나.

얼마나 기뻤으면 바로 편지를 쓰고 손수 이름을 지어 보냈을까. 증손자의 이름은 '창양'이 되었다. 이황은 그 아이의 이름을 '창아'라고 즐겨 불렀다. 이황은 말할 수 없는 기쁨에 뜬눈으로 밤을 새우기도 했다. 그러나 행복은 오래가지 못했다. 창양은 태어날 때부터 몸이 매우 허약했다. 이황은 창양의 아버지에게 보낸 편지에 여러 번 아이의 건강을 물었다.

듣자 하니 창양의 몸이 약하다 하여 걱정이 아닐 수 없구나. 참으로 걱정이다. 요즈음 아이의 건강은 어떠하냐?

창양이 태어난 지 얼마 되지 않았는데 창양의 어머니한테서 이상하게도 젖이 나오지 않았다. 아이에게 젖을 먹일 수 없게 되자 죽을 끓여 먹였다. 어머니의 젖을 먹지 않고 죽만 먹어서는 아이의 생명을 이어 나가기가 어려웠다. 갈수록 창양의 건강은 나빠지고 있었다. 부득이 창양의 아버지와 어머니는 할아버지인 이황에게 편지를 보냈다.

할아버님, 지금 창양의 병이 심해져 하루하루 견디기 어렵사옵니다. 마침 안동의 우리 집안에 여종이 아이를 낳아 젖을 먹일 수 있다 하니 빨리 한양으로 보내 주시기를 간청드리옵니다.

편지를 받은 이황은 마음이 아팠다. 그렇게 아끼는 손자를 생각하면 곧바로 여종을 한양으로 보내고 싶었다. 하지만 여종도 아이를 낳은 몸이었고, 그 아이도 종에게는 귀한 자식이었다. 아무리 종의 자식이라도 내 손자를 살리자고 남의 자식을 죽일 수는 없었다. 이황은 이안도에게 편지를 보냈다.

창양이 다시 영양실조로 병이 났다고 하니 참으로 마음이 아프구나. 지금은 어떤지 몹시 걱정이 되는구나. 창양을 낫게 할 다른 방도가 없는지 찾아보거라. 지금 당장 여종 학덕이를 보낼 수는 없구나. 이제 몇 개월밖에 되지 않은 자기 아이를 버려두고 그 먼 한양 길을 올라가게 할 수는 없다. 더군다나 학덕이도 젖이 부족하여 자기 아이도 제대로 키우지 못할 형편이라고 하더구나. 지금 이러지도 저러지도 못하고 있다. 부디 좋은 소식이 있었으면 좋겠구나.

이황은 마음이 찢어질 듯 아팠지만 그렇다고 이제 갓 태어난 아이를 둔 여종을 멀리 보낼 수는 없었다. 마침 이안도의 어머니까지 심한 병에 걸렸다. 이안도는 한양에 가족을 둔 채 어머니와 아버지가 있는 봉화에 내려와 있었다. 그러던 중에 한양에서 창양의 병이 더욱 깊어지고 있다는 소식을 들었다. 그래서 이안도는 이황의 만류에도 불구하고 여종을 한양으로 보내려 했다. 이 소식을 들은 이황은 다시 이안도에게 편지를 보냈다.

안도 보거라. 듣자 하니 젖을 먹일 여종 학덕이를 한양으로 보낸다는 이야기가 들리더구나. 그러면 학덕이의 아이는 어떻게 되겠느냐? 《근사록》에 이르기를, '남의 자식을 죽여서 자기 자식을 살리는 것은 매우 옳지 못하다'라고 하였거늘 네가 지금 하려고 하는 일이 이와 같으니라. 자기 아이를 버려두고 가게 하는 것은 사람으로서 차마 못할 노릇이고 아주 잘못된 일이다. 직접 만나 의논할 수 없어서 미리 알리는 것이니 부디 다시 생각해 주길 바란다.

결국 이황의 완강한 태도 때문에 여종은 한양으로 올라가지 못했다. 창양은 영양실조와 병으로 몸이 점점 쇠약해져 갔다. 그러다 두 살을 갓 넘긴 무렵에 세상을 떠나고 말았다.
이황은 증손자를 떠나보낸 슬픔에 하늘이 무너지는 것 같았다. 증손자가 태어났을 때 '집안에 이보다 더 큰 경사가 없다'라고 말한 지 얼마 되지 않아 사망 소식을 듣게 되었다. 손수 이름까지 지어 주었건만 그 이름을 제대로 써 보지도 못하고 저세상으로 가고 말았다.

"내 자식을 살리자고 남의 자식을 죽일 수는 없는 노릇이야. 하지만 결국 나 때문에 그 어린아이가 세상을 떠났는지도 몰라."

이황은 밀려오는 자책감과 증손자를 잃은 슬픔에 여러 날을 음식도 먹지 못했다.

"참으로 슬프구나. 어떻게 내게 이런 아픔이······."

창양이 세상을 떠난 이후에 이안도와 권씨 부인은 영원히 아들을 갖지 못했다. 결국 한참 시간이 지난 다음 이안도의 동생 아들을 양자로 삼아 대를 이을 수밖에 없었다.

이황은 마치 자신이 증손자를 죽인 것 같아 매우 마음이 아팠다. 이 일을 평생의 가장 큰 슬픔으로 여겼다. 1570년 자신의 죽음을 앞두고서 **기대승**에게 마음속 깊이 자리 잡고 있었던 아픔을 털어놓았다.

"내 인생을 돌이켜 보면 가장 큰 슬픔이 증손자를 잃은 것이었습니다. 그러나 지금 돌이켜 보더라도 어쩔 수 없었습니다."

이황에게 증손자는 자신이 그렇게 아끼던 손자의 아들이자, 자신의 대

《근사록》
중국 송나라 때 주자와 그의 제자 여조겸이 함께 지은 성리학 해설서.

기대승
조선 중기의 성리학자. 이황의 제자로, 이황과 8년 동안 '사단칠정'을 주제로 편지를 주고받은 일이 유명하다.

를 이을 아이였다. 여종만 보냈더라도 살릴 수 있었을지 모를 일이다. 엄격한 신분 사회였던 당시에 여종은 자신의 주인을 위해 목숨을 바칠 수도 있었다. 양반의 자식과 종의 자식은 비교가 되지 않는 시절이었다. 아마 다른 집안이었다면 두 번도 생각해 보지 않고 여종을 보냈을 것이다. 그렇지만 이황은 그럴 수 없었다. 아무리 엄격한 신분 사회였지만 사람 위에 사람 없고 사람 밑에 사람 없다고 생각했기 때문이었다.

9장
조용히 떠나다

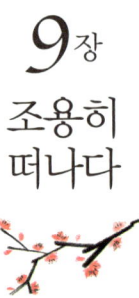

이황은 벼슬자리에서 물러나 고향에 내려와 제자들을 가르치고 있었다.

당시 **부역**을 대신하여 나라의 잣나무를 관리해야 하는 임무가 있었다. 마을 사람들이 돌아가면서 1년씩 관리하도록 되어 있었다. 이 잣나무에서 나온 잣을 임금에게 바쳤다.

잣나무 관리는 이황의 집안도 맡아야 했지만 이황의 나이가 많고 **명망**이 높아 그동안은 맡지 않았었다. 안동에 새로 부임한 한 아전은 이런 사정을 알지 못하고 어느 날 이황의 집을 찾아왔다.

"올해 잣나무 관리를 맡아 주셔야겠습니다."

이황의 집 하인들은 어이가 없었다.

"뭐라? 우리 나리를 어찌 보고 잣나무 관리를 맡긴단 말인가. 얼마나 높은 벼슬을 하신 분인데, 잣나무를 관리하라니!"

이황은 조용히 하인들을 타일렀다.

"나라 사람들은 누구나 세금을 내야 하는 법. 잣나무를 관리하는 것은 세금을 대신하는 것인데 당연히 해야 하지 않겠는가?"

이황은 말이 끝나기 무섭게 잣나무 밭으로 올라갔다. 잣나무를 자세히 살펴보고 소중히 가꾸었다.

한 달쯤 지난 무렵이었다. 이황에게 잣나무 관리를 시켰던 아전이 허겁지겁 이황을 찾아왔다.

"제가 죽을죄를 지었습니다. 나리를 몰라보고……. 부디 용서해 주시옵소서."

"너무 그러지 말게. 당연히 내가 해야 할 일을 할 뿐일세."

아전은 안동 부사인 곽형에게 자신이 겪은 일에 대해 알렸다.

"높은 벼슬을 하신 분인데 전혀 거들먹거리지 않고 잣나무 관리를 묵묵히 하셨사옵니다."

부역
나라에서 특정한 공익 사업을 위해 보수 없이 백성에게 의무적으로 책임을 지우는 노역.

명망
명성(세상에 널리 퍼져 평판 높은 이름)과 인망(세상 사람이 우러르고 따르는 덕망)을 아울러 이르는 말.

"원래 그런 분일세. 항상 자신을 드러내지 않고 낮추는 분일세. 그런 훌륭한 분을 만나기 쉽지 않으니, 앞으로 잘 모시도록 하게나."

"예, 나리. 앞으로 성심을 다해 모시겠습니다."

모든 사람이 이황을 존경하고 우러러보았지만 정작 이황 자신은 항상 자신을 낮추었다. 모든 사람들이 위대한 스승이라고 했지만 정작 이황 자신은 제자들이 자신을 스승으로 부르기를 원하지 않았다. 그냥 함께 공부하는 사람으로 여기길 바랐다. 이런 마음은 세상을 떠나는 날까지 변하지 않았다.

세상을 떠나기 한 달 전까지 제자들을 가르치던 이황은 11월 초에 병이 위중해지자 더 이상 강의를 하지 못하고 제자들을 돌려보냈다. 스승의 병이 위중해진 것을 알고 몇몇 제자들이 와서 간병을 했다.

병이 위중한 상태에서 집안의 제사가 있었다. 제자들은 모두 이황에게 제사에 참여하지 말 것을 청했다.

"어찌 이 몸으로 제사를 모실 수 있겠사옵니까?"

"내가 이미 나이가 많이 들고 이제 병이 위중하니 앞으로 제사를 모시지 못할 날도 멀지 않았다. 내 몸이 살아 있는 한 제사를 모셔야 하지 않겠느냐."

11월 15일에는 병세가 더욱 위독해져서 몸을 제대로 가눌 수가 없었다. 이때 기대승이 사람을 보내 편지로 문안을 드렸다. 이황은 몸도 제대로 가누지 못하면서도 병석에 누워 답장을 썼다. 자신의 이론 중에서 부족한 부분을 수정하는 내용이었다. 이것을 제대로 정리해서 기대승과 다른 제자인

정유일에게 부치게 했다. 마지막까지 학자로서 자신의 부족한 점을 인정하고 과감히 수정하면서 책임을 다하려 한 것이다.

이황은 12월 3일에 이미 자신의 목숨이 얼마 남지 않았다는 것을 알고서 죽음을 맞을 준비를 했다. 먼저 자식들에게 다른 사람으로부터 빌려 온 책을 빠짐없이 돌려보내게 했다.

"책은 매우 소중한 것이다. 누구에게나 말이다. 귀한 책은 소중히 읽었으니, 내가 죽기 전에 그 책을 주인에게 모두 돌려주고 오너라."

"예, 알겠습니다. 아버님."

집안 식구들이 이황의 회복을 비는 기도를 드리려 하자 이를 만류했다.

"사람의 목숨은 하늘이 내리는 것이다. 나는 살 만큼 살았고 이제 하늘의 뜻을 받들어 저세상으로 가려 한다. 그러니 기도하지 말도록 하여라."

이날 병이 더 위중해져서 설사를 했다. 마침 방 안에 이황이 아끼던 매화 화분이 보였다.

"매화에게 미안할 뿐이로다. 매화에게 내 불결함을 보이고 싶지 않으니 매화를 밖으로 내놓도록 하여라."

12월 4일에는 형의 아들인 조카에게 유언을 받아 적도록 했다.

"조정에서 내리는 것을 받지 말거라. 나는 이미 조정에 큰 덕을 입었으

정유일
조선 중기의 학자. 이황의 제자였으며, 대사간과 이조 판서 등의 벼슬을 지냈다.

니 죽음에 이르러서까지 굳이 또 신세를 질 수는 없다. 그리고 내 무덤을 절대 크게 하지 말도록 해라. 비석도 따로 세우지 말고 조그마한 돌에다 앞에는 '퇴도만은진성이공지묘(退陶晚隱眞城李公之墓)'라고 해서 열 글자만 쓰고 뒤쪽에는 고향과 조상, 내가 살아온 내용을 간략하게 쓰도록 해라."

'퇴도만은진성이공지묘'는 도산으로 늦게 물러난 진성 이씨의 묘라는 뜻이다. 이황은 다른 사람이 쓰면 과장해서 쓸까 봐 대략적인 내용을 자신이 직접 써 두고 이것을 바탕으로 자신이 살아온 삶을 기록하게 했다. 끝까지 자신을 드러내지 않고 조용하게 세상을 떠나려 한 것이다.

당시에 이황과 같이 꽤 높은 벼슬을 한 사람들은 무덤을 크게 쓰고 비석도 크게 세우곤 했다. 삶을 기록한 행적에는 과장된 내용이 많았다. 그러나 이황은 그렇게 하지 않았다. 이황의 제자들과 후손들은 이황의 유언을 받들어 초라하게 보일 만큼이나 무덤을 조그맣게 단장했다.

죽음이 임박한 12월 4일에 이황은 제자들을 만났다. 몇몇 제자들은 무리라며 만류했지만 이황은 다음과 같이 말했다.

"이제 나는 곧 저세상으로 갈 몸이다. 삶과 죽음의 갈림길에서 내가 그토록 아꼈던 제자들을 어찌 보지 않을 수 있단 말인가."

이황은 제자들을 한 사람 한 사람씩 맞아들여 제자들과 함께 공부했던 것이 얼마나 즐거운 일이었는지를 말하면서 제자들을 격려했다.

12월 5일에는 자신의 시신에 입힐 옷과 관을 준비하게 했다. 죽음이 임박했음을 알고 있었던 것이다. 12월 7일에는 제자 이덕홍에게 자신이 평생 아꼈던 책을 맡겼다.

12월 8일이 되었다. 세상과 마지막 작별을 하면서 아침에 매화 화분에 물을 주도록 했다. 마치 매화의 향기가 영원하기라도 바라듯이.

이날 아침에는 날이 맑았는데 저녁 무렵이 되자 갑자기 구름이 지붕 위에 가득 모이면서 눈이 펑펑 내렸다. 이황은 누운 채 있다가 주변 사람에게 자신을 앉히도록 하고는 곧 앉은 채로 세상을 떠났다. 마침 구름도 흩어지고 날이 다시 맑았다. 누운 채 세상을 떠날 수도 있었지만 앉은 채 죽음을 맞이했다. 자신의 흐트러진 모습을 보여 주고 싶지 않아서였을지 모른다.

위대한 스승은 이렇게 세상을 떠났다.

이황이 세상을 떠났다는 소식이 전해지자 가족과 제자들은 크게 슬퍼했다. 일반 백성들이나 천한 하인들까지 슬퍼하지 않은 사람이 없었다. 여러 날 고기를 먹지 않으면서 경건한 마음으로 이황의 **명복**을 빌었다.

선조 임금은 이황의 병이 깊다는 소식을 듣고 바로 내의원 소속 의원을 급히 보냈다. 그러나 의원이 도착하기도 전에 세상을 떠났다는 소식을 들었다. 선조 임금은 매우 애통해 하며 극진하게 애도를 표했다.

"여봐라. 퇴계를 영의정으로 승급시키고 조정에서 당분간 사형 집행을 중단하고 도살을 금하며 음악을 중지하라. 모든 신하와 백성들은 고인의 죽음에 깊은 애도를 표하라."

명복
죽은 뒤에 저승에서 받는 복.

이황의 자식들과 제자들은 3년 동안 몸가짐을 단정히 하면서 애도를 표했다. 이황의 제자인 조목은 3년 동안 어떤 잔치에도 참석하지 않고 자신의 안방에도 들어가지 않으면서 스승의 명복을 빌었다.

묘소는 이황이 평소 자주 거닐었던 안동의 건지산 언덕에 마련했다. 나라에서는 이황의 업적을 기리기 위해 거창하게 묘를 쓰려고 했다. 그러나 가족과 제자들은 간소하게 묘소를 단장하라는 이황의 유언을 받들어 최대한 소박하게 묘소를 꾸몄다.

수많은 제자들과 백성들의 존경을 받았던 이황은 이렇게 떠나고 말았다. 하지만 이황의 죽음은 곧 사라짐이 아니었다. 그가 남긴 정신은 지금도 여전히 우리 곁에 남아 있다.

● 이황에게
묻다
오늘날의 우리들이
알고 싶은 이야기

Q 선생님께서는 태어난 지 7개월도 되지 않아 아버지가 돌아가셨는데 아버지에 대한 그리움이 없었나요?

이황: 있고말고요. 평생 아버지를 그리워했습니다. 아버지에 대한 그리움으로 눈물을 흘린 적도 많습니다. 그렇지만 만날 수 없는 분이었죠. 아버지에 대한 그리움이 강해질수록 더 내 자신을 다독였습니다. 아버지가 하늘나라에서 날 지켜보고 계신다고 생각하고 더 행동을 조심하고 열심히 공부했습니다.

Q 선생님은 시험을 위한 공부를 하지 않으셨다고 하는데 왜 그러셨나요?

이황: 공부는 어떤 시험에 합격하기 위해 하는 것이 아닙니다. 오로지

시험을 위한 공부를 하면 작은 공부밖에 하지 못해 큰 인물이 되기 어렵습니다. 공부를 하는 목적에는 여러 가지가 있지만 그중에서 세상의 이치를 깨닫고 자신이 어떤 삶을 살아가야 하는지를 깨닫기 위해 하는 공부가 제일이지요. 이런 마음을 가지고 열심히 공부한다면 시험에도 합격할 수 있을 것입니다.

Q 매일 한결같이 몸가짐을 단정히 했다고 하셨는데 때로는 귀찮고 바빠서 제대로 하지 못할 때도 있었나요?

이황: 물론 있었습니다. 저는 아침에 일찍 일어나 세수를 하고 옷을 단정하게 입었습니다. 그리고 책을 읽을 때면 경건하게 온 마음을 집중했습니다. 그러나 때로는 몸가짐이 흐트러질 때가 있었습니다. 그럴 때마다 나 자신을 되돌아보며 '내가 이래서는 안 되지.' 하는 마음을 가졌습니다. 그러고는 다시 마음을 바로잡으려 했습니다. 그러다 보니 어느 날 이렇게 하는 것이 평생의 습관이 되었습니다.

Q 평생 독서를 많이 하셨다고 들었는데 독서는 어떻게 해야 하나요?

이황: 많은 책을 읽어야 하지만 건성으로 읽으면 의미가 없습니다. 일주일에 30권의 책을 읽었다고 하는 것은 의미가 없습니다. 한 권을 읽더라도 제대로 읽어야 합니다. 책에 있는 내용을 모두 기억할 수는 없겠지만, 한 줄 한 줄의 의미를 충분히 되새기며 읽어야 합니다. 과장하면 어떤 책은 백 번 읽어 뜻을 이해해야 합니다. 모든 책을 이렇게 읽을 수는 없겠지만, 자신에

게 의미 있다고 생각하는 책을 골라 그 책이 말하고자 하는 것을 충분히 이해하고 삶 속에서 실천해야 할 내용은 반드시 실천해야 제대로 읽었다고 할 수 있습니다.

Q 지금 태어나신다면 초등학교 때 무엇을 가장 해 보고 싶으신가요?

이황: 옛날과 달리 지금은 워낙 귀하고 재미있는 것이 많습니다. 그럼에도 가장 해 보고 싶은 것은 다양한 책을 마음껏 읽는 것입니다. 내가 살았던 조선 시대에는 구할 수 있는 책이 많지 않았습니다. 평생 책을 읽었지만 그렇게 많은 책을 읽지는 못했습니다. 그런데 지금은 하루에도 수십 권, 수백 권의 책이 나오니 이 책을 다 읽을 수는 없겠지만 원 없이 읽고 싶습니다.

이황이 태어난 집 대문, 성임문

Q 오늘날의 학생들에게 어떤 말씀을 해 주고 싶으신지요?

이황: 매일 자신의 삶을 되돌아보세요. 하루하루 일기를 쓰면서 자신의 삶을 되돌아보는 것도 좋습니다. 다른 사람의 마음을 아프게 한 일은 없었는지, 내 몸가짐에 잘못된 부분은 없었는지 생각해 보고, 생각한 것으로만 끝내지 말고 반드시 고치세요. 그리고 자신은 무엇이든 할 수 있다는 믿음을 가지고 꾸준히 노력하세요. 그러다 보면 언젠가는 자신의 꿈을 이룰 수 있습니다. 꿈은 높은 지위를 얻고 돈을 많이 버는 그런 것이 아닙니다. 나는 평생 높은 벼슬을 구하지도 않았고 돈을 많이 벌려고도 하지 않았습니다. 세상을 위해 내가 어떤 사람이 될 것인지를 생각하면, 꿈을 찾을 수 있습니다. 그리고 꼭 그 꿈을 이루세요.

퇴계 이황의 묘

이황이 걸어온 길

- 1501년   11월 25일 경상도 예안현 온계리
  (현재 경북 안동시 도산면)에서 태어남.
- 1502년   아버지가 세상을 떠남.
- 1512년   작은아버지에게서
  《논어》를 배움.

- 1530년   권질의 딸과 재혼함.
- 1534년   문과에 급제함.
  승문원 부정자가 됨.
- 1539년   홍문관 수찬이 됨.
- 1534년   영국의 종교 개혁.
- 1536년   칼뱅의 종교 개혁.

1520   **1530**   **1540**

- 1521년   진사 허찬의 딸과 결혼함.
- 1527년   진사 초시(향시)에 급제함. 부인 허 씨가 세상을 떠남.
- 1528년   진사 회시에 급제함.

- 1546년　두 번째 부인 권 씨가 세상을 떠남.
- 1548년　단양 군수가 되었다가 다시 경상도 풍기 군수로 부임.
- 1549년　백운동 서원을 크게 일으키고 나라에 사액을 요청하여
　　　　　1550년 명종에게 '소수 서원' 편액을 받음.

- 1560년　도산 서당을 짓고 제자들을 가르침.
- 1568년　우찬성, 대제학을 지냄. 선조에게 《무진육조소》와 《성학십도》를 지어 올림.
- 1570년　도산 서원에서 영원히 잠듦.

1550　　　　　　**1560**

- 1553년　성균관 대사성이 됨.
- 1556년　성균관 부제학이 됨.
- 1555년　아우크스부르크 화의로 루터 교회 공인.